教養としての

データ・情報リテラシー

Data / Information literacy

黒澤和人・舩田眞里子・渋川美紀・後藤涼子　[著]

学 文 社

● 著者略歴

データ・情報リテラシー研究会

黒澤 和人
白鷗大学名誉教授
第 3, 4, 5, 6, 7, 10, 11, 12.1・12.2・12.3,
13.1・13.2・13.3・13.5, 15 章担当

舩田 眞里子
白鷗大学経営学部教授
第 8, 9, 14 章担当

渋川 美紀
白鷗大学教育学部教授
第 12.4（演習問題）章，13.4（演習問題）章担当

後藤 涼子
白鷗大学法学部非常勤講師
第 1, 2 章担当

はしがき

　本書は，オフィスアプリケーションの活用法を，大学初年級向け PC 実習用教材としてまとめたものである。したがって，対象は「情報リテラシー」分野に位置付けられる。ただし，表計算ソフトの活用法に関する部分は「データリテラシー」分野ともオーバーラップすることから，書名を「データ・情報リテラシー」としている。

　また，これらの内容は，現代を生きるビジネスマンや一般社会人にとっても同様に基礎的素養となっている。その意味で書名には「教養としての」という言葉を冠している。

　オフィスアプリケーションは，特に大学生にとって次の 3 つの意味で重要である。

(1) 学修を円滑に進めるためのコミュニケーションツールとなる。

(2) ゼミナールや卒業研究などの調査研究で必要なデータ処理ツールとなる。

(3) レポートの執筆や発表に必要な表現ツールとなる。

　そこで，PC および携帯端末用オフィスアプリケーションとして，Web ブラウザ，ワープロソフト，表計算ソフト，プレゼンテーションソフトを取り上げ，その活用法を修得することを目的として章の配置を決定した。

　主な内容は，Web ブラウザとメールソフトの活用（インターネットの利用），ワープロソフトによるビジネス文書とレポートの作成，表計算ソフトによる統計データ処理，プレゼンテーションソフトによる発表資料の作成の 4 つである。そして，発展教材としてアニメーションとアルゴリズムを追加した。

　また，本書による学修の到達目標として次を設定している。

(1) インターネットを利用して，資料の収集や仲間との情報交換ができるようになる。

(2) ワープロソフトを活用して，形式の整った文書を作成できるようになる。

(3) 表計算ソフトを活用して，基本的な統計データ処理ができるようになる。

(4) プレゼンテーションソフトを活用して，分かりやすい発表資料が作れるようになる。

(5) オフィスソフトに組み込まれているスクリプト言語を利用できるようになる。

　実際の学修に際しては，まずは例題の解法手順を理解しその通りに処理を進めることが肝要である。しかし，章末の演習問題においては，試行錯誤を繰り返しながら自ら問題を解決していく態度が必要となるだろう。

　また，各章末にコラム欄を配置し，さらに最終章として「今後の学修のための案内」を追加したので，さらなるステップアップに役立ててほしい。

限られた時間の中でまとめたので，筆者らの勘違いによるミスなどもあるかもしれない。お気付きの点については，遠慮なくご指摘をいただきたい。

　出版に際し，学文社社長の田中千津子氏ならびに編集部の皆様にひとかたならぬお世話になった。心から感謝の意を表したい。また，学文社との橋渡しでは，白鴎大学名誉教授の樋口和彦氏にも大変お世話になった。この場をお借りして厚く御礼を申し上げる次第である。

2024 年 1 月吉日

データ・情報リテラシー研究会　一同

目　次

第1章 インターネットの活用

　インターネットは，世界中のコンピュータなどの情報機器を接続する世界規模のネットワーク[1]である。1990 年ごろから世界的に広く使われ始め，現在では私たちの生活や仕事などのさまざまな場面で使われる不可欠な社会基盤（インフラ）となっている。インターネットを快適かつ安全に利用するためにも，そのしくみを正しく理解する必要がある。

1.1　インターネットのしくみ

　インターネットは，家や会社，学校などの単位ごとに作られた一つひとつの**ネットワーク**[1]が，さらに外のネットワークとも繋がるようにしたしくみである。外のネットワークと接続するために「**ルーター**」と呼ばれる機器や，**インターネットサービスプロバイダ**[2]のサービスを利用する。ネットワーク上で，情報やサービスを他のコンピュータに提供するコンピュータを「**サーバー**」，サーバーから提供された情報やサービスを利用するコンピュータを「**クライアント**」と呼び，私たちが普段使うパソコンや携帯電話，スマートフォンなどはクライアントにあたる。

　インターネット上には，メールサーバーや Web サーバーといった，役割の異なる多数のサーバーが設置されており，それらのサーバーが，クライアントからの要求に従って，情報を別のサーバーに送ったり，情報をクライアントに渡したりすることで，電子メールを送信したり，

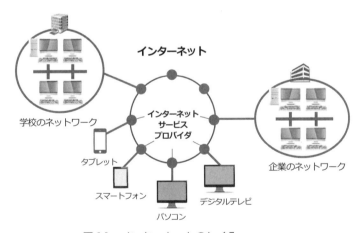

図 1.1　インターネットのしくみ

---

1)　複数のコンピュータを接続して，データを共有化したり，他のコンピュータの機能を利用したり，共有のプリンタを使用したりできるようにする通信網のこと。接続形態として「LAN（Local Area Network）」や「WAN（Wide Area Network）」などがある。
2)　光回線，ADSL 回線，ケーブルテレビ回線などを通じて，インターネットに接続してくれるサービス事業者。

ホームページを見たりすることができるようになっている。

　インターネットでは，コンピュータ同士が通信を行うために「**TCP/IP**[3]（ティーシーピー・アイピー）」という標準化された**プロトコル**が使われている。プロトコルとは，コンピュータが情報をやりとりする際の共通の言語のようなもので，このしくみのおかげで，インターネット上で機種の違いを超えてさまざまなコンピュータが通信を行うことができるようになっている。

1.1.1　IP アドレスとドメイン名

　インターネットで，情報の行き先を管理するために利用されているのが，それぞれのコンピュータに割り振られている「IP アドレス」と呼ばれる情報である。この IP アドレスは，世界に通用する住所のようなもので，一般的には以下のように 0 〜 255 の数字 4 組で表記される。

> **IP アドレスの例：198.100.100.1**

　ところが，この IP アドレスはコンピュータで処理する際には適しているが，そのままでは人間にとって扱いにくいため，ホームページや電子メールを利用する際には，相手先のコンピュータを特定する「ドメイン名」を用いる。ドメイン名とは，インターネット上の特定のネットワークに設定される名前のことで，"www.hakuoh.ac.jp" のように文字で記述され，組織や国などを表すコードをピリオドで区切った階層構造で表す。

　最近では省略している Web サイトもあるが，ドメイン名の前に付けている「www」をサブドメインといい，Web サーバーならば「www」，メールサーバーならば「mail」など，サーバーの役割に応じた名前が用いられることが多い。

　ネットワーク上にはこれらのドメイン名と IP アドレスを変換する機能を持つサーバー（**DNS**[4] **サーバー**）があり，ドメイン名を IP アドレスに自動的に変換することで電子メールの送り先や

図1.2　ドメインの構成

3）　インターネットで標準的に利用されているプロトコルのこと。TCP/IP は TCP と IP という 2 つのプロトコルを省略した呼び名であり，TELNET，FTP，HTTP など，TCP や IP を基盤にした多くのプロトコルの総称。
4）　Domain Name System の略で，IP アドレスとドメイン名の対応付けを行うしくみ。

ホームページの接続先を見つけるしくみになっている。

ドメインと主な組織種別コード

ドメイン	組織種別
ac	大学，高等専門学校，学校法人，国立・公立学校法人，職業訓練法人などの高等教育機関
co	株式会社，有限会社などの企業（日本において登記を行っているもの）
go	政府機関，各省庁所轄研究所，特殊法人，独立行政法人
or	財団法人，社団法人，医療法人，監査法人，宗教法人，特定非営利活動法人，国連組織，団体など
ne	日本国内のネットワークサービス提供者
ed	保育所，幼稚園，小学校，中学校，高等学校など初等中等教育期機関

主な国別コード

ドメイン	国	ドメイン	国	ドメイン	国
jp	日本	fr	フランス	ca	カナダ
br	ブラジル	ch	スイス	in	インド
uk	イギリス	it	イタリア	de	ドイツ
cn	中国	es	スペイン	nl	オランダ

他にも，国を識別せず共通して使用されるドメインを「ジェネリックトップレベルドメイン（gTLD）」といい，アメリカでは，ドメインに国別コード（us）を表記することはなくジェネリックトップレベルドメインを使用している。

主なジェネリックトップレベルドメイン（gTLD）

ドメイン	組織種別
com	商用，企業
edu	教育機関
gov	アメリカ政府
org	共同組織，非営利組織
net	主にインターネットサービスプロバイダなどネットワーク関連の事業者や団体

1.1.2 DNS（Domain Name System）

「DNS（Domain Name System）」は IP アドレスとドメイン名の変換を行うしくみである。DNSを構成する DNS サーバーはコンピュータからのドメイン名の問い合わせにより，対応する IP アドレスを返すことになる。Windows10 で使用中のコンピュータに割り当てられた IP アドレスとDNS サーバーの IP アドレスを以下の手順で確認してみよう。

[例題 1.1] IP アドレスの確認

(操作) 使用中のコンピュータの IP アドレスと DNS サーバーの IP アドレス確認手順

　① ［スタート］ボタン－［設定］をクリックする。

　② ［設定］画面で［ネットワークとインターネット］をクリックする。

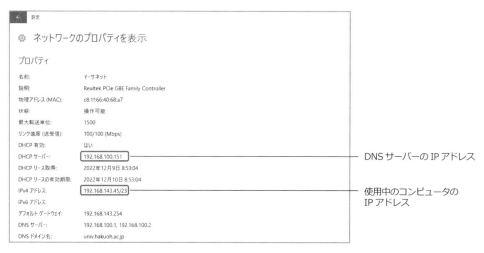

プロパティ

名前:	イーサネット
説明:	Realtek PCIe GBE Family Controller
物理アドレス (MAC):	c8:1f:66:40:68:a7
状態:	操作可能
最大転送単位:	1500
リンク速度 (送受信):	100/100 (Mbps)
DHCP 有効:	はい
DHCP サーバー:	192.168.100.151
DHCP リース取得:	2022年12月9日 8:53:04
DHCP リースの有効期限:	2022年12月10日 8:53:04
IPv4 アドレス:	192.168.143.45/23
IPv6 アドレス:	
デフォルト ゲートウェイ:	192.168.143.254
DNS サーバー:	192.168.100.1, 192.168.100.2
DNS ドメイン名:	univ.hakuoh.ac.jp

DNS サーバーの IP アドレス

使用中のコンピュータの
IP アドレス

図1.3　ネットワークとインターネットのプロパティ

③　［ネットワークとインターネット］画面で［プロパティ］をクリックする。

1.2　インターネットの代表的なサービス

　昨今はネットワーク上で扱うことができるデジタルデータの種類や量，そのデータを使うソフトウェアなどの技術的な発展に伴い，インターネットを介してできることも非常に多岐にわたる。代表的なインターネットのサービスを見てみよう。

1.2.1　Webサービス

　インターネット上で情報を公開する仕組みのことで，Webサイト（Webページ，またはホームページ）のためのサービスである。サイトのコンテンツ（内容）は，インターネット上に点在するWebサーバーという専用のコンピュータに保存されている。サイトを閲覧する場合には，**Webブラウザ**[5]という専用のソフトウェアで**URL**[6]を指定し，Webブラウザがインターネット上のWebサーバーを探して，目的のサイトのコンテンツをコンピュータ端末の画面上に表示する。

　URLの例として「https://www.hakuoh.ac.jp/home/index.html」のように指定する。「https」は，ホームページの閲覧に使用されるHTTPSというプロトコルを表し，「www.hakuoh.ac.jp」はWebサーバーを指定している。その後の「/home/index.html」がWebサーバー上のホームページが保存されている場所を表している。このようなURLをWebブラウザで指定すること

5）　ホームページを閲覧するためのソフトウェア。代表的なソフトとして，Google Chrome，Microsoft Edge，Firefox，Safariなどがある。

6）　Uniform Resource Locator の略。インターネット上で情報が格納されている場所を示す住所のような役割の文字列。

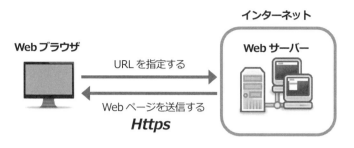

図1.4　Web サービスのしくみ

により，見たい Web サイトへ接続できるしくみである。

図1.5　URL の構成

　URL の最後に「.htm」や「.html」という表記が見られるが，これはそのホームページが主に **HTML 形式**[7] のファイルで作成されていることを表す。この HTML ファイルに，画像や動画，音声などのマルチメディア情報を指定し，多彩で動きのあるコンテンツが利用できる。

1.2.2　電子メール

　電子メール（e-mail）は，パソコンやスマートフォンなどの情報機器同士がインターネットなどのネットワークを利用して情報をやりとりする機能である。やりとりできる情報は文章（テキスト）だけでなく，文書ファイルや画像などを添付ファイルとして扱うことができる。

　電子メールの利用形態として，これまでの主流はプロバイダからメールアドレスを割り当てられ，専用のメールソフトでメールを送受信する方法であったが，昨今は Web ブラウザを使って送受信を行う「Web メール」という方式で，Web ブラウザだけで利用できるというユーザー側のメリットが大きく，無料の Web メールに利用形態が変わりつつある。

(1) 専用のメールソフトを使用

　送信した電子メールは，契約しているインターネットサービスプロバイダ，学校や会社のメールサーバーに送られ，電子メールを受け取ったメールサーバーは，宛先として指定されているインターネットサービスプロバイダなどのサーバーにそのデータを転送する。電子メールを受け取ったサーバーは，受取人が電子メールを取りにくるまでサーバー内にデータを保管するようになっ

---

7)　Hyper Text Markup Language（ハイパー・テキスト・マークアップ・ランゲージ）の略。ホームページを作成するための言語。HTML には，文字だけでなく画像や音声を埋め込むことができる。

ており，電子メールの受取人は，契約しているインターネットサービスプロバイダのメールサーバーにある自分のメールボックスに自分宛の電子メールを取りにいくことでメールを受信する。

(2) Web メール（Web ブラウザを使用）

　送受信された電子メールがサーバーに蓄積される。利用者は Web サーバーに Web ブラウザで接続することで，受信したメールの閲覧や，新規メッセージの作成・送信などができるようになる。

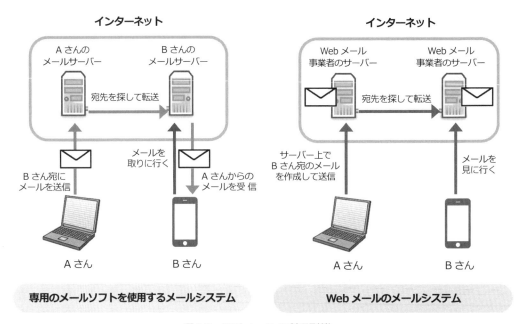

図 1.6　電子メールの利用形態

(3) メールアドレスの構成

　送り先のコンピュータを指定するためのメールアドレスは，一般的に以下のように表記される。@ の後には，所属する組織や利用しているインターネットサービスプロバイダなど事業者のドメイン名が使用される。世界中のどこからも特定の相手にメールが届けられるしくみは，メールアドレスが世界にひとつだけで，同じものが 2 つと存在しないためである。

　世界中の電子メールの送受信は，インターネット上の多くのメールサーバーが連携することによって実現している。

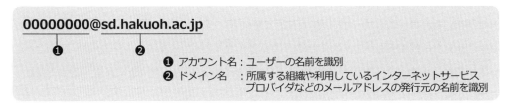

図 1.7　メールアドレスの構成

1.2.3 ブログ

　ブログは，自分の考えや社会的な出来事に対する意見，物事に対する論評，他の Web サイトに対する情報などを公開するための Web サイトである。ブログという用語は，「Weblog」（ホームページの履歴の意味）から派生した言葉であると言われており，ブログで情報を発信する人のことをブロガー（blogger）と呼んでいる。なお，ブログという言葉は，明確に決められた使い方をされているわけではなく，日記風に情報を追加しているホームページもブログに含むことがある。

　ブログのシステムでは，管理者が書き込んだ情報はデータベースに保存され，閲覧者がブログを訪問すると，データベースに保存されている情報から毎回ホームページを生成し直すので，追加された情報をすぐに見ることができる。さらに，ブログの多くは，書き込まれた情報に対して，「コメント」を登録できるようになっており，ブログに登録されたそれぞれの情報に対して，閲覧者が意見や追加の情報を書き込むことができる。このコメントの機能により，ブログは，発信された情報や意見に対するディスカッションを行う目的にも利用できるようになり，新しいコミュニケーションの場所として活用されている。

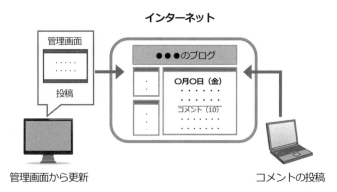

図1.8　ブログのしくみ

1.2.4 SNS（ソーシャルネットワーキングサービス）

　SNS は，ソーシャルネットワーキングサービス（Social Networking Service）の略で，登録された利用者同士が交流できる Web サイトの会員制サービスである。友人同士や，同じ趣味を持つ人同士が集まったり，近隣地域の住民が集まったりと，ある程度閉ざされた世界にすることで，密接な利用者間のコミュニケーションを可能にしている。代表的な Facebook や X（旧 Twitter），Instagram の他にも，TikTok，MixChannel，YouTube といった動画投稿・共有型をはじめ，動画や画像を共有できるカメラアプリの SNOW，Snapchat も人気の SNS である。最近では，会社や組織の広報としての利用も増えている。

　多くの SNS では，自分のホームページを持つことができ，そこに個人のプロフィールや写真を掲載する。ホームページには，公開する範囲を制限できる日記機能などが用意されていたり，

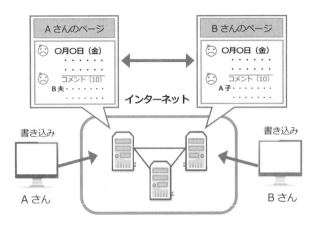

図1.9　SNSのしくみ

アプリケーションをインストールすることにより，機能を拡張したりすることもできる。その他，
Webメールと同じようなメッセージ機能やチャット機能，特定の仲間の間だけで情報やファイ
ルなどをやりとりできるグループ機能など，多くの機能を持っている。さらに，これらの機能は
パソコンだけではなく，携帯電話やスマートフォンなど，インターネットに接続できるさまざま
な機器で，時間や場所を問わず使うことができる。

　SNSは，とても身近で便利なコミュニケーション手段であると言えるが，最近ではアカウン
トの不正利用や，知り合い同士の空間であるという安心感を利用した詐欺やウィルス配布の被
害に遭うなどの事例が発生している。また，友人間のコミュニケーションを目的としてSNSを
利用している場合であっても，プライバシー設定が十分でなかったり，友人から引用されること
などにより，書き込んだ情報が思わぬ形で拡散する危険性もある。

　インターネット上に情報が公開されていることに変わりはないということを念頭に置き，利用
時に想定される脅威に十分注意をしながら，SNSに振り回されず，節度を持った使い方をした
いものである。

1.2.5　クラウドサービス

　クラウドサービスは，従来は利用者が手元のコンピュータで利用していたデータやソフトウェ
アを，ネットワーク経由で，サービスとして利用者に提供するものである。利用者側が最低限の
環境（パソコンや携帯情報端末などのクライアント，その上で動くWebブラウザ，インターネット接続
環境など）を用意することで，どの端末からでも，さまざまなサービスを利用することができる。

　これまで，利用者はコンピュータのハードウェア，ソフトウェア，データなどを，自身で保有・
管理し利用していたが，クラウドサービスを利用することで，これまで機材の購入やシステムの
構築，管理などにかかるとされていたさまざまな手間や時間の削減をはじめとして，業務の効率

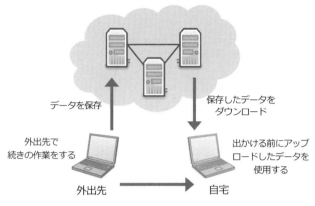

データを保存

保存したデータを
ダウンロード

外出先で
続きの作業をする

出かける前にアップ
ロードしたデータを
使用する

外出先　　　　　　　　　　　　自宅

図 1.10　クラウドサービスのしくみ

化やコストダウンを図れるというメリットがある。

　利用者から見て，インターネットの先にある自分が利用しているコンピュータの形態が実際に
どうなっているのか見えづらいことを，図で雲のかたまりのように表現したことから，「cloud =
雲」という名称がついたと言われている。

　クラウドサービスを利用する場合には，データがクラウドサービス事業者側のサーバーに保管
されているということ，インターネットを介してデータなどがやりとりされることなどから，十
分なサイバーセキュリティ対策が施されたクラウドサービスの選択が重要である。

代表的なクラウドサービス

種類	特徴
Box	アメリカで 2005 年に設立。セキュリティの高さから多くの企業に活用されている クラウドストレージ。
Dropbox	パソコンやスマートフォンなど複数の端末からファイルを共有・同期が可能。
Evernote	テキスト・画像・Webページなどを自由に保存できるスクラップブックのようなサービス。
Google ドライブ	Google 社が提供するサービス。Google アカウントの取得で利用可能。
iCloud	Apple 社が提供するサービス。Windows からも利用可能。
OneDrive	Microsoft 社が提供する無料のサービス。Microsoft アカウントの取得で利用可能。

1.2.6　無線 LAN

　無線 LAN とは，電波でデータの送受信を行う構内通信網（LAN：Local Area Network）のこ
とを意味する。LAN とは，会社内や家庭内などでパソコンやプリンタなどをつないでデータを
やりとりできるようにしたネットワークのことで，ケーブルの代わりに無線通信を使うのが無線
LAN である。あるいは「**Wi-Fi**（ワイファイ，Wireless Fidelity）」とも呼ばれ，これは無線 LAN
の普及促進を行う業界団体 Wi-Fi Alliance[8] から相互接続性などの認証を受けた機器のことであ

8)　Wi-Fi Alliance は，高速無線 LAN の規格の普及促進を図ることを目的とした業界団体のこと。主に無線

るが，現在は Wi-Fi 認証を得た製品が増えたことから無線 LAN 全般を「Wi-Fi」と呼ぶことが多くなっている。

　無線 LAN を利用するためには，親機（アクセスポイント）と，パソコンなどの端末に装着する子機が必要だが，最近はほとんどのノートパソコンやスマートフォンに子機の機能が内蔵されているため，親機があれば無線 LAN が利用できることになる。さらに最近ではスマートフォンやタブレット端末の利用者の増加により，急増するトラフィックを軽減するためのオフロード対策[9]の一つとして注目されている。

　モバイル機器の普及とともに，無線 LAN を利用することで，ケーブルを気にすることなく駅，空港，カフェなどどこでも好きな場所に移動してインターネットに接続し，気軽に Web サイトの閲覧やメールの利用が出来るようになった。その反面，身近な場所で誰もが利用できるだけに，危険な側面も考慮に入れて利用者自身が適切なセキュリティ対策をとることが必要である。

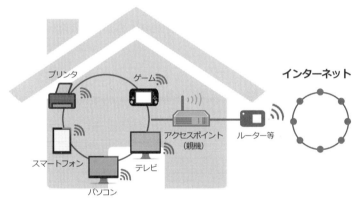

図 1.11　無線 LAN のイメージ

1.2.7　ショッピングサイト

　ショッピングサイトは，インターネット上で買い物ができるホームページである。ほとんどのショッピングサイトでは，Web サーバーとデータベースサーバーが連携して動作している。データベースサーバーには，顧客情報，商品情報，在庫情報，販売情報などが保管され，Web サイトの訪問者が入力した情報が，リアルタイムにデータベースに書き込まれ，更新される。

　そのしくみは，まず，訪問者が商品を購入すると，購入情報（購入者の顧客情報や購入商品とその在庫情報）がデータベースに登録される。ショッピングサイト側は，利用者に購入受付が完了したことをホームページの画面上または電子メールなどで通知し，受注情報をショップの管理者側に通知する。ショップの管理者は，この情報から受注・決済などを処理（在庫確認，受付通知，

LAN の相互接続性試験方法の策定，製品の認証，および Wi-Fi ブランドの普及に向けたプロモーション活動を行っている団体であり，無線機器メーカーなどを中心に無線 LAN 関連業界の企業が参加している。
9）　携帯電話回線のネットワークを流れるデータ通信量の増加を防ぐために，携帯電話やスマートフォンの利用者が，無線 LAN などの別のネットワークを使うよう誘導するしくみ，またはその対策のこと。

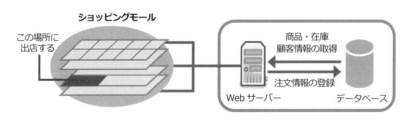

ショッピングサイト

商品情報から
Webページを表示

Web
ショップ

商品・在庫
顧客情報の取得

Webサーバー

データベース

注文情報の登録

商品を探して
「購入」ボタンを押す

図 1.12　ショッピングサイトでの購入の流れ

入金確認など）する。さらに，受注処理をもとにデータベースの情報処理経過や在庫数などを更新し，これらの処理の経過状況を購入者に電子メール等で通知して，商品の発送処理（発送準備，発送など）や請求処理を行い，購入者に商品が届けられることになる。

　こうしてショップの管理者は，データベースに保存された情報をもとに注文を受けてから発送完了までをショッピングサイトのプログラムを通して情報を更新しながら，並行して実際の処理をしていく流れである。

　また，ショッピングモールと呼ばれるショッピングサイト群があり，ここではその管理会社がWebサーバーやデータベースサーバーを用意してショッピングサイトのしくみを提供している。そのため，ショッピングサイトはこのようなしくみを利用するだけではなく，自身で開設することもできるため，個人や中小の商店でも，所定のホームページを作成するだけで簡単にショッピングサイトを開設できるようになっている。

ショッピングモール

この場所に
出店する

商品・在庫
顧客情報の取得

Webサーバー

データベース

注文情報の登録

図 1.13　ショッピングモールのしくみ

1.3　情報セキュリティ

　インターネット上のさまざまなサービスやしくみを悪用して，情報の盗難や金銭がからむ詐欺を行う悪意の存在があることを忘れてはいけない。大切な情報が外部に漏れたり，ウィルスに感染してデータが壊されたり，普段使っているサービスが急に使えなくなったりしないよう，必要な対策をすることが情報セキュリティ対策である。先ずは，インターネットにおける危険性について学び，それらに対する対策を理解する必要がある。

図 1.14　ウィルスの感染経路

1.3.1　コンピュータウィルス

　コンピュータウィルスは，電子メールやホームページ閲覧などによってコンピュータに侵入し，パソコン内のデータを破壊したり，他のパソコンに増殖したりする機能を持つ悪意のあるプログラムの総称である。ファイル感染型，トロイの木馬型，ワーム型，ボット型，マクロウィルスなどさまざまな種類がある。

●コンピュータウィルスの対策

　コンピュータウィルス感染によるデータの漏洩や改ざんなどの脅威からパソコンを守るには，自身の機器のソフトウェアを最新の状態にしておく必要があるとともに，「**ウィルス対策ソフト**[10]」の導入が効果的である。ウィルス対策ソフトは「**ウィルス定義ファイル**（またはパターンファイル）」を用いて，ウィルスかどうかの判別をするため，ウィルス定義ファイルが古いままだと最新のウィルスを検出することができない。したがって，常に最新のウィルスに対応できるように，インターネット経由で更新しておくことが大切である。新種のウィルスが日々世界中で発生していることからも，以下のようなウィルス対策は一度行って終わりというものではなく，常に継続していく必要がある。

> **✓ウィルス定義ファイルの更新**
> ウィルス対策ソフトには，ウィルスを特定するための情報が記載された「ウィルス定義ファイル」が含まれる。セキュリティソフトの開発元から定期的に提供される為，常に最新に更新する。
> **✓ OS やアプリケーションのアップデート**
> セキュリティホールをふさぐために OS の開発元から提供される最新の修正プログラムを反映するためのアップデートを行う。

---

10)　脅威の可能性のあるコンピュータウィルスなどを検知して，排除してくれるソフトウェア。

1.3.2　インターネットに潜む危険

インターネットでは詐欺や犯罪行為なども増加している。それらの詐欺や犯罪の中には以下のように多様な手口があることを忘れてはならない。

✓ 偽物のホームページに誘導し，ログイン ID・パスワード，メールアドレスやクレジットカード番号などを窃取するフィッシング詐欺
✓ 電子メールなどで誘導し，クリックしたことで架空請求等をするワンクリック詐欺
✓ 商品購入などで架空出品をしてお金をだましとるオークション詐欺
✓ 違法薬物など，法令で禁止されている物を販売する犯罪
✓ 公序良俗に反する出会い系サイトなどに関わる犯罪

インターネットでの犯罪は，主に金銭目的で行われることも増えている。そのために，デマなどのウソの情報を流す，他人になりすます，ユーザー ID やパスワード，プロフィールなどの情報を盗んで悪用するなど，さまざまな手法で行われる。金銭目的以外では，相手への恨みや不満，興味本位などの動機から，攻撃や嫌がらせなどを目的として行われることもある。

インターネットが広く普及したことにより，これまで現実世界でも存在した詐欺といった犯罪行為などでもこの便利な技術が使われるようになってきた。インターネットが便利なのは犯罪者にとっても同様で，これからもますます犯罪行為にインターネットが使われ，多様な手口が出現してくることは間違いない。利用者はよりいっそうの注意が必要である。

1.3.3　情報発信に関するトラブル

インターネットの普及により，私たちが自由に情報を発信できる場所や機会が大幅に増えてきた。これは便利なことである反面，発信のしかたを誤るとトラブルを引き起こす原因にもなり得る。情報発信のしかたを誤ることにより，重要情報が漏洩したり，企業・組織のブランドやイメージを大きく低下させたり，自分のプライバシーを必要以上に公開してしまったり，他人のプライバシーを侵害してしまったり，などのトラブルが想定される。

●インターネットにおけるプライバシーの考え方

プライバシーとは，一般に，"他人の干渉を許さない，各個人の私生活上の自由"をいうと考えられている。インターネットにおいても，実社会と同様にプライバシーは守られなければならない。インターネットでは，不特定多数の利用者が接続する可能性があるため，特に注意を払ってプライバシーに関する情報を管理する必要がある。

利用者にとって最も大切なことは，自分や知人の個人に関する情報を不用意に公開しないことである。例えば，インターネット上の電子掲示板やホームページなどへの氏名，住所，電話番号，メールアドレスなど個人に関する情報の公開は，プライバシーを守るということから考えて，本当に問題のない行為であるかどうかをよく検討すべきである。

1.3.4 インターネットにおける著作権トラブル

インターネットを利用して，一個人が簡単に自分の思想や感情（図面・絵画・写真等の著作物）を創作的に発信することができる半面，容易に誰かの著作物をコピーすることもできる。著作権法上，データをダウンロードすること自体が複製行為にあたり，インターネットでの利用は印刷物等の著作物に比べて厳しい規定になっていることからも，利用に際して負うべき責任も重大であることを認識して利用することが重要である。

では，どのような行為が著作権トラブルとして扱われるのか，権利を侵害されるケースと侵害してしまうケースについて確認する。

(1) 権利を侵害されるケース

- 自分のホームページで掲載した文章を盗用された，または不当に引用された。
- サークルの掲示板の活動情報を，そっくりそのまま勝手に出版された。
- 自分のプライベートの写真が勝手にホームページで公開されていた。
- ホームページの画像や素材が，知らないうちに他のホームページで使われていた。

(2) 権利を侵害してしまうケース

- コンサートで撮影した芸能人の写真をホームページに掲載した。
- ある音楽バンドのファンクラブのホームページで，CD のジャケットを掲載した。
- 有名な楽曲を MIDI（電子ピアノ）音楽に作り変えてホームページの BGM にした。
- 購入した人気画家の絵をスキャナーでデジタル画像にし，ホームページに使用した。
- キャラクター画像をダウンロードし，サークルのホームページに載せた。
- 自分が見た映画のあらすじと批評をホームページに載せた。
- 住宅地図をスキャナーで取り込んで，会社ホームページの営業所案内図に利用した。
- 替え歌を作って，音符と歌詞をホームページに掲載した。
- 有名曲を自分で着メロ用に作りかえて，メロディをホームページに掲載した。

1.3.5 情報ソースの評価

インターネット上で公開されている情報の提供者は，企業や団体，個人などさまざまである。公開されている情報はすべてが信頼できる有益なものばかりではなく，匿名で発信された不確かな情報も混在している。インターネットで得た情報は，「信頼性」と「信ぴょう性」などの基準から，ユーザー自ら評価して利用することが大切である。

インターネット上の情報の「信頼性」とは「その Web サイトを誰（どのような組織・団体）が管理しているのか，その程度」ということ，「信ぴょう性」とは「その Web に掲載されている情報が正しいか」ということが焦点となる。複数のメディアの情報を確認し，情報を見極める態度を身に付けたいものである。

1.4 検索サービスの利用

　世界中の膨大な Web ページの中から，欲しい情報だけを探し出すための検索サービスは「検索エンジン[11]」によって運用されており，その種類はさまざまで使い方や特徴も異なる。目的や内容に応じて上手に検索サービスを使いこなすことは，インターネットで効率よく情報収集するための必須条件といえるだろう。検索サービスを有効的に活用するために，そのしくみと具体的な使用方法を見てみよう。

1.4.1 検索エンジンのしくみ

　ユーザーが入力したキーワードを元に，あらかじめ蓄積されたデータベースの中から，条件に一致したものを表示するという基本的なしくみである。この検索順位を決めているのが検索エンジン，別名「**サーチエンジン**」ともいう。表示順位はそれぞれの検索エンジンが独自の方式に則って決定しているもので，この順位が上にある方が，検索エンジン利用者の目につきやすく訪問者も増えるため，企業などでは検索順位を上げるためにさまざまな試みを行う場合がある。

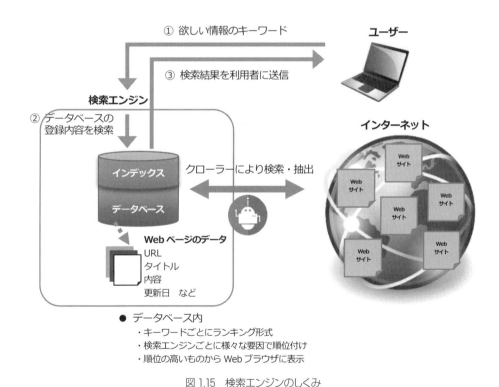

図 1.15　検索エンジンのしくみ

---

11)　キーワードを入力して，関連するインターネット上のコンテンツを検索する機能または運営する会社。代表的なものとして Google，Yahoo!，Bing など。

そのさまざまな技術や手法を総称して「SEO[12]」といい，世界中の Web サイトから，関連性の高い Web ページ，キーワードが合致した Web ページ，人気がある Web ページなどを総合的に評価して 1 番目から表示される。

1.4.2 Google を利用した検索

ここでは，その圧倒的な情報量と精度の高さ，検索キーワードを入力してからの反応の速さなどで世界的にも高いシェアを誇る「Google」の機能について紹介する。検索ボックスにキーワードを入力する度に，ユーザーに使われる検索ワードの組み合わせを表示する「サジェスト機能」や一般的な複数のキーワードをスペースで区切って入力する「AND 検索」，用語に続けて「とは」と入力する「とは検索」や画像検索以外にも，便利で役立つ操作を確認しよう。

(1) 演算子を使った検索

Google の初期設定では，すべてのキーワードを検索対象とみなすが，Google で指定している特殊記号や「検索演算子」と呼ばれる文字列や記号を追加することで，より効果的に検索結果を絞り込めるようになる。

[**例題 1.2**] 検索演算子の確認

(操作) 検索演算子の使用方法

検索の種類	使用方法	入力例
マイナス検索	除きたい語句の前に「-」を入力	人工知能 速さ - 表示 - 導入
完全一致検索	語句の前後に「"」を入力	" 人工知能技術の進歩 "
ワイルドカード[13] (*) 検索	不明な語句の代わりに「*」を入力	" 人工知能と *"
数値範囲で検索	数値間に「..」を入力	スマホ 50000 円 .. 100000 円
結合検索 (OR 検索)	キーワードの間に入力	人工知能 OR エンジニア
ドメイン検索	ドメインの前に「site:」を入力	site:.go.jp
関連サイト検索	ドメインの前に「related:」を入力	related:.stat.go.jp
サイトの詳細情報表示	アドレスの前に「info:」を入力	info:.stat.go.jp

(2) 検索結果のフィルタリング

検索結果は，特定の種類のコンテンツのみを表示したり，「検索ツール」を使って公開日などでフィルタをかけることができる。

[**例題 1.3**] 検索結果の確認

(操作) 検索結果のフィルタリング方法

---

12) 「Search Engine Optimization」の略で，検索エンジンの検索結果のページの表示順の上位に自らの Web サイトが表示されるように工夫すること，また，そのための技術やサービス。

13) 任意の文字を指示するための特殊な文字記号のことをいい，あいまいな文字列などの検索に用いられる。主に「*」や「?」が用いられ，「*」は任意の長さの任意の文字を，「?」は任意の 1 文字を指示する。

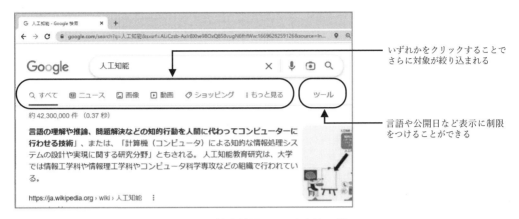

いずれかをクリックすることで
さらに対象が絞り込まれる

言語や公開日など表示に制限
をつけることができる

図 1.16　検索結果のフィルタリング

1.4.3　書誌情報の記録

　Web 検索で有用な一次資料を発見し，入手してレポートや論文で実際に参考にした場合，その書誌情報を巻末の「参考文献」リストに記載する必要がある。著者とタイトルを特定し，それを取得する。ただし，Web サイト上のページは著者等が特定できないことも多いが，少なくとも Web サイトの「所有者」，「タイトル」，「URL」の 3 つを取得する。

[例題 1.4]　書誌情報の取得
(操作) Web サイトの「所有者」，「タイトル」，「URL」の取得手順
(1) 所有者
　・Web ページのヘッダ部のロゴやフッタ部の情報から所有者を特定する。
(2) タイトル
　①　Web ページ上で右クリック−［ページのソースを表示］をクリックする。

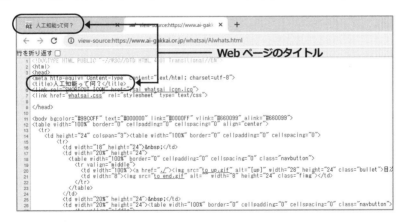

図 1.17　Web ページのタイトル

② 表示された Web ページの HTML ソースから title 要素を探す。

③ 開始タグ <title> と終了タグ </title> で挟まれたタイトルをコピーする。

(3) URL

・アドレスバーをクリックし，Web ページの URL をコピーする。

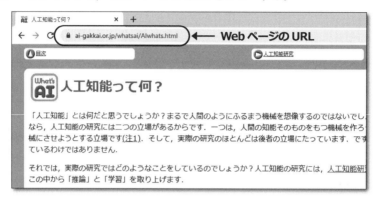

図 1.18　Web ページの URL

1.5　電子メールの利用

電子メールは手軽なコミュニケーション手段ではあるが，省略や曖昧表現が多用されると思わぬミスや誤解が生じるので注意が必要である。

✓用件は簡潔に
✓簡易であっても失礼があってはいけない
✓簡易が目的の文字のコミュニケーションだからこそ，誤解が生じないよう要点をまとめて

図 1.19　メールの作成例

1.5.1 メールの作成

電子メールを作成する際には，内容を分かりやすく伝えるために次のようなことに注意する。

- 宛先（TO）

  受信者のメールアドレスを正確に入力する。

- 件名

  省略しない（迷惑メールと判断されてしまうこともあるため）。内容を簡潔に表す短文やキーワード（依頼や報告などの区別を示すもの）を記載する。メールの受信者が初めに目にする重要な部分である。

  （例）「～の件（お伺い）」，「～について（ご報告）」

- 本文

  7つのポイント（宛名，挨拶，名乗り，要旨，詳細，結びの挨拶，署名）を型に，相手が短時間で必要な内容を把握できるように工夫する。もっとも伝えたいことを最初に記載し，1文の長さをできるだけ短く，簡潔な文章を心がける。

- その他

  - メールアドレスは，公的に通用するものを使用する。
  - 機種依存文字（全角丸数字①，②やローマ数字Ⅰ，Ⅱなど）は使わない。
  - 具体的な連絡内容等は，文章ではなく箇条書きを利用する。
  - 初めてメールを送る相手には冒頭で簡単な自己紹介をする。

1.5.2 宛先（TO，CC，BCC）の種類の使い分け

「TO」（宛先）「CC」（Carbon Copy）「BCC」（Blind Carbon Copy）は，いずれもメールの宛先を指す用語である。それぞれの特徴を理解して，適切に使い分けることを心がける。

	説 明
宛先（TO）	メッセージ内容の直接の受取人となるメールアドレスを指定する。
CC	宛先の受信者以外に，参考として読んでほしい人のメールアドレスを指定する。CCに指定したメールアドレスは受信者全員に表示されるため，誰にメールが送信されたのかを，他のユーザーも知ることができる。
BCC	メールを送る相手同士が面識のない場合など，アドレスを非表示にして連絡する場合に使用する。BCCに指定したメールアドレスは，TOやCC，さらに他のBCCのユーザーにも表示されないため，メールが誰に送信されたか分からない。

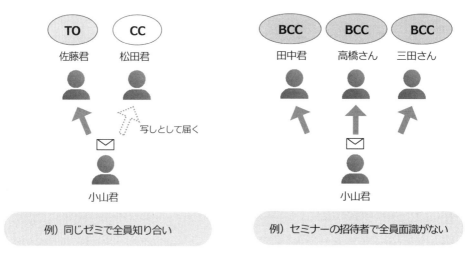

図 1.20　CC と BCC の使い分け

1.5.3　添付ファイル

　電子メールは「添付ファイル」という形で，テキスト以外のあらゆるデータをメールでやり取りすることができる。テキストデータに対して，それ以外の画像データやプログラムなどを「バイナリーデータ」といい，このバイナリーデータを送信する際に自動的にメールソフトがデータをテキスト形式に変換してから送信するしくみである。

　しかし，大きなサイズの添付ファイルは受信者のネットワークに負担をかけたり，メールボックスの容量を圧迫したり，重量課金制のモバイル通信においては通信料の負担などにつながる。大容量のファイルを送る場合には，前述した「クラウドサービス」を使用してファイルをアップロードし，共有設定をするなどして相手にファイルを送付する。または，送信側がインターネット上に一時的にファイルをアップロードし，相手にその保存先をしらせてダウンロードしてもらう「ファイル転送サービス[14]」の利用等を検討する。

---

14)　送信側が Web 上のデータ転送サービスにデータファイルをアップロードし，受け取り側がダウンロードをして受け渡しを行うサービス。

【演習問題】

1. コンピュータが現在使用中の IP アドレスを表示しなさい。

2. 次の各用語の意味を述べよ。

    (a) 一次資料　　(b) 書誌情報　　(c) HTML 言語　　(d) Web メール

3. Google の検索エンジンを使用し，2 つのキーワード「コンピュータ」と「書籍」に関連する Web ページを検索する場合，適切なキーワードの指定方法を 3 つ選択せよ。

    (a) コンピュータ + 書籍

    (b) コンピュータ & 書籍

    (c) コンピュータ or 書籍

    (d) コンピュータ not 書籍

    (e) コンピュータ 書籍

4. システムへの不正侵入の原因の 1 つに，外部からの問い合わせに仕組まれた巧妙なトリックに担当者が騙され，アクセスを許してしまうというのがある。これを「ソーシャルエンジニアリング (社会工学) 的手法」という。この手口が使われた事件を 2 つ以上見つけ，それぞれ概要を述べよ。ただし，新聞社のニュースサイトを情報源とすること。

5. 加藤さんは「ゼミ合宿のお知らせ」のメールを，次のように受信者を指定して送信した。佐々木さんが自分に届いたメールを開いた際に，確認できる他の受信者を答えよ。

6. 「1.5.1 メールの作成」の「図 1.19」の内容で送信したメールに対して，その返信を大行寺先生から受け取り，問題が解決したとする。大行寺先生へのお礼のメールを作成せよ。

【参考文献】

総務省「国民のためのサイバーセキュリティサイト」

　https://www.soumu.go.jp/main_sosiki/cybersecurity/kokumin/index.html（2023.02.26）

滝口直樹『IC3 デジタルリテラシーの基礎 インターネットの基礎知識』オデッセイコミュニケーションズ，2019

（独）科学技術振興機構『参考文献の役割と書き方』2011

　http://jipsti.jst.go.jp/sist/pdf/SIST_booklet2011.pdf（2023.02.26）

Google「検索結果のフィルタリング」

　https://support.google.com/websearch/answer/142143?hl=ja（2023.02.26）

Google「ウェブ検索の精度を高める」

　https://support.google.com/websearch/answer/2466433?hl=ja（2023.02.26）

Google「Google での検索のコツ」

　https://support.google.com/websearch/answer/134479?hl=ja（2023.02.26）

コラム：インフラとしての WWW

　ブロードバンドの拡充にともない，情報通信の世界も日々変化してきており，テレビを見る以上にインターネットを楽しむ時代がやってきたといってよいだろう。特に，その代表的なサービスである WWW は，家庭や会社の PC からはもちろん，外出先のスマートフォンや各種タブレットからも接続可能で，最新の情報を入手するのに不可欠なインフラ（社会基盤）となっている。そして現在，利用者の知的好奇心は多様化し，ビジネスシーンだけでなく生活の至るところで誰でも簡単に情報の「受発信」ができる時代になっている。ただし，このインターネットを効果的にさらに安全に利用するには，それなりの基礎知識が必要となる。インターネットを使うことが従来の電化製品を使うことと同じぐらい一般化している時代を迎え，本章ではこれだけは知っておいてほしいと思われるインターネットの用語やそのしくみ，基本的な操作について解説している。本章を入り口として，インターネットをより楽しく安全に利用できるようになっていってほしいと願っている。

コラム：TCP/IP

　インターネット（internet）とは，英語名が示す通り「ネットワーク間」という意味である。したがって，通信技術として見ればポイントは次の3つである。① ネットワークのネットワークである（階層構造をしている）。② 構成要素となる各ネットワークは自律システムである。③ TCP/IP と呼ばれるプロトコル群で運用されている。ここで，階層構造とは入れ子になっていることであり，自律システムとはサーバ（サービスの提供や管理をするコンピュータ）を有し，管理者がいて独自に運用されているネットワークのことである。また，プロトコルとは通信を成り立たせるために双方で守るべき通信規約のことであり，TCP/IP とは TCP と IP を代表とするプロトコル群のことである。そこで今後の学修へのヒントとして TCP/IP を挙げておこう。

第2章　ワープロソフトの活用

　モバイル端末全盛の時代となり，多くの作業がクラウド上の簡単操作で済んでしまうのも事実である。しかし，公用文書の基本形式を知った上で，入力から印刷までの一連の作業を PC 上で体験しておくことは重要である。本章では，Microsoft 365 の Word による効率的なビジネス文書の作成について学ぶ。

2.1　ビジネス文書の基本

　ビジネス文書とは，業務遂行のために作成，伝達，蓄積される文書の総称である。ここでは教育や行政などの分野も含め，広く仕事や業務一般を指すものとする。組織として対外的に文書を作成する（組織の一員として作成するのであって，個人で作成するのではない）という意味においても，公用文書の構成を理解する必要がある。ビジネス文書は，その利用場面に応じて，次のように分類される。

- ●社内文書：連絡書，報告書，提案書，議事録，帳票，申請書，等
- ●社外文書（取引文書）：通知状，照会状，依頼状，申込状，承諾状，等
- ●社外文書（社交文書）：挨拶状，披露状，案内状，招待状，礼状，感謝状，等

　ビジネス文書を作成するにあたり，次の要素を押さえておこう。

(1) ビジネス文書の特徴

　公用文書の世界では儀礼や格式も重要であるが，ビジネス文書には特に次の点が求められる。

- ✓　正確さ：伝えるべき情報を，漏れなくかつ間違いなく記述する。
- ✓　簡潔さ：ビジネスでは効率と迅速さが求められる。礼を欠かない範囲で，簡潔に記す。
- ✓　明瞭さ：証拠として記録に残す必要がある。あらゆる面において曖昧さを排除する。

---

(2) 伝えたいことの整理 (5W2H)

　ビジネス文書の作成に先立ち，伝える内容を 5W2H に沿って整理しておく必要がある。

　When（いつ），Where（どこで），Who（誰が），What（何を），Why（なぜ），How（どのように），How many/much（いくつ／いくら）に基づいて情報を整理することが大切である。

(3) 作成の留意点

　ビジネス文書の作成時，次の点に留意する。

- ✓ 文字：原則として漢字は常用漢字，数字はアラビア数字を使用する。
- ✓ 文体：社内向けには常体（…だ。…する。），敬体（…です。…します。），社外向けには敬体や特別敬体（…でございます。…いたします。）を使用する。
- ✓ 書式：原則として横書きとする。ただし，法令などで定められているもの，表彰状，祝辞や弔辞に類するものは除く。
- ✓ 1件1文書：一つのテーマにひとつの文書を対応させる。
- ✓ 文書の用紙：原則として A4 版を縦長に使用する。1枚に書ききれない場合は，一般的に補足事項を添付資料にする。

2.2 ビジネス文書の構成

　ビジネス文書の構成は「**前付，本文，付記**」の3つに分けられている。この構成で作成することで，文書の流れや内容が理解しやすく，読み手へ配慮された文書となる。

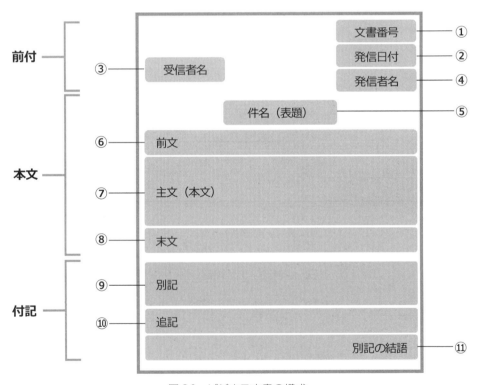

図 2.1　ビジネス文書の構成

● 前付：「いつ」，「誰が」，「誰に」文書を発信するのかの情報を記載する

① 文書番号	業務上，文書管理番号を定めている場合は，日付の上に記載する。
② 発信日付	作成日ではなく発信日を記載。証拠として重要な役割をもつ。
③ 受信者名	受信者名を略さずに正式な名称で記載する。 　会社名：「株式会社」は社名の一部であるため，（株）などと省略しない。 　氏名　：役職は氏名の前，敬称は「様」を氏名の後，複数人の場合は「各位」を付ける。
④ 発信者名	一般的に組織名，役職，氏名をいずれも略さず，受信者と対等な立場の者にする。

● 本文：件名（表題）に始まり，伝えたいことを主文に記載する

⑤ 件名（表題）	文書の内容を端的に記す。「○○のお願い」「○○のご依頼」など，丁寧さが感じられる表現にする必要がある。ただし，挨拶状やお悔み状などの縦書きの文書には付けない。
⑥ 前文	「拝啓」，「謹啓」などの頭語を1文字目から書き，1文字分，間を空けてから，時候の挨拶，先方の発展を喜ぶ言葉，日頃の感謝の言葉を記載する。 　頭語：「拝啓」「謹啓」などに代表され，前文を省略する場合は「前略」，返信の場合は「拝復」とする。 　時候の挨拶：月毎に慣用的な表現を記載する。「時下」の表現は，季節に関係なく使用できる。
⑦ 主文	伝達したい用件の部分。敬語を使って丁寧な表現で記載する。
⑧ 末文	主文の内容の確認や強調など，用件を確認する表現を用いる。終わりの挨拶を述べ，結語で締めくくる。 　結語：頭語に合った種類を使用する。

● 付記：主文に関わる重要な情報を箇条書きで正確に記す部分である

⑨ 別記	重要な点や注意すべき点を箇条書きに記載する。
⑩ 追記	関連事項などを「なお」，「おって」として書き加える。同封物がある場合は書類名を記載する。
⑪ 別記の結語	内容に続きが無いことを示すために「以上」で締めくくる。

2.3　ビジネス文書の作成

　ここでは，文書作成の一般的な手順とされる「新規文書作成」，「ページ設定」，「文書の編集」，「保存」の流れにそって，効率的なビジネス文書の編集に必要な機能について学ぶ。

2.3.1 作成する文書の確認

次のような文書を作成しよう。

ページ設定

均等割り付け
の設定

字下げ
インデント
の設定

タブの設定

左インデント
の設定

箇条書きの
設定

均等割り付け
の設定

行間の設定

右揃えの設定

フォントサイズ・太字の設定
中央揃えの設定

右揃えの設定

表の挿入

列の幅と
行の高さの設定

列の幅での
均等割り付け
の設定

文字列を表に
変換

セルの結合

列の幅と
行の高さの設定

セル内の文字列
の配置の設定

画像の挿入

サイズ変更

文字列の
回り込みの設定

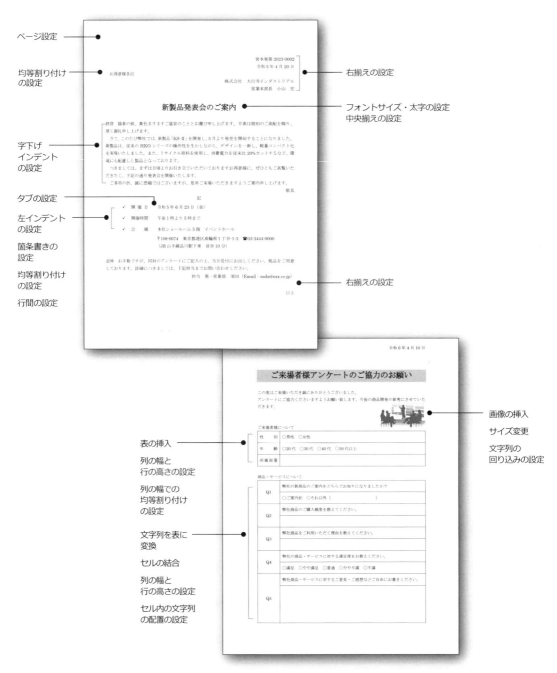

図 2.2　作成例

2.3.2 Microsoft 365 の画面構成

Word の画面の主な各部の名称と役割を確認しよう。

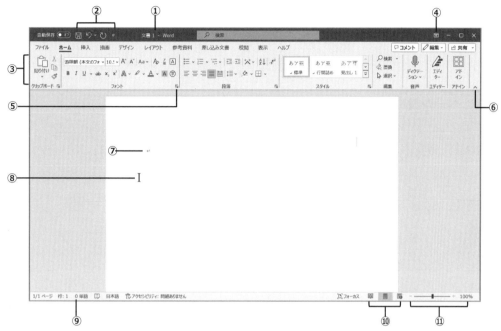

図 2.3　Microsoft365 Word の画面構成

	名称	役割
①	タイトルバー	アプリケーション名やファイル名などが表示される。
②	クイックアクセスツールバー	よく利用するボタンを配置しておくことができる。初期設定では，[上書き保存]，[元に戻す]，[繰り返し] の 3 つのコマンドが登録されている。
③	リボン	よく利用するコマンド（命令）を割り当てたボタンが，機能ごとにパネルに分類，配置されている。
④	リボンの表示オプション	リボンの表示方法を変更する。
⑤	詳細なダイアログボックスの表示	より詳細な設定ができるダイアログボックスが表示される。
⑥	リボンをたたむボタン	リボンを折りたたみ，タブだけを表示する。タブをクリックするとコマンドが表示され，📌[リボンの固定] ボタンをクリックして元に戻す。
⑦	カーソル	点滅している縦棒を示す。カーソルの位置に文字や表が挿入される。
⑧	マウスポインター	Word では以下のような形状がある。 　Ⅰ：文書中 　⬚：メニューやボタンの上 　⬚：文書ウィンドウの左側
⑨	ステータスバー	作業中の文書の情報（カーソル位置や表示しているページ番号など）が表示される。カーソル位置の行番号を表示するには，ステータスバーの上で右クリックし，一覧から [行番号] をクリックする。
⑩	表示選択ショートカット	文書の表示モードを [閲覧モード]，[印刷レイアウト]，[Web レイアウト] のボタンで切り替える。
⑪	ズーム / ズームスライダー	文書の表示倍率を調整する。

2.3.3　文書を開く

フォルダー「第2章」から，文書「新製品発表会のご案内 .docx」を開いて演習する。

> ※あらかじめ，作成する文書の文字列や「**入力オートフォーマット機能**[1]」による，頭語と結語，「記」〜「以上」，や「**あいさつ文の挿入**[2]」機能による時候の挨拶などが入力されているファイルを使用する。

2.3.4　ページ設定

　ページのレイアウトは，文章の入力や編集作業に入る前に，見やすさと1ページに収めたい文章や図の量などを考慮して設定する。次のようにページのレイアウトを設定しよう。

```
用紙サイズ　：A4
印刷の向き　：縦
余白　　　　：上 35mm　下 30mm　左 25mm　右 25mm
文字数　　　：44 文字
行数　　　　：37 行
```

[**例題 2.1**] ワープロ文書の各種設定

(**操作 1**) ページレイアウトの設定

① [レイアウト] タブ→ [ページ設定] グループの ▣ (ページ設定) をクリックする。

② [ページ設定] ダイアログボックスの [用紙] タブを選択する。

③ [用紙サイズ] が「A4」になっていることを確認する。

④ [余白] タブを選択し，[印刷の向き] が「縦」になっていることを確認する。

⑤ [余白] の「上」が「35mm」，「下」が「30mm」になっていることを確認し，「左」を「25mm」，「右」を「25mm」に設定する。

⑥ [文字数と行数] タブを選択し，[文字数と行数を指定する] を◉にする。

⑦ [文字数] を「44」，[行数] を「37」に設定し，[OK] をクリックする。

---

1)　文書作成を簡単にするための入力支援機能。「自動的に罫線を引く」，「字下げ」，「頭語に対する結語の挿入」，「"記" などに対する "以上" の挿入」など，自動的に文字が表示されたり，書式が設定されたりする機能。
　　例 1) 頭語の「拝啓」と入力して [Enter] キーを押すと，自動的に結語の「敬具」の文字列が右揃えで表示される。
　　例 2)「記」と入力して [Enter] キーを押すと，自動的に「以上」の文字列が右揃えで表示されるなど。
2)　時候の挨拶や安否の挨拶など定型文を挿入する機能。使用するには，[挿入] タブ→ [テキスト] グループの [あいさつ文の挿入] をクリックし，[あいさつ文] ダイアログボックスから定型文を選択することで，本文に挿入される。

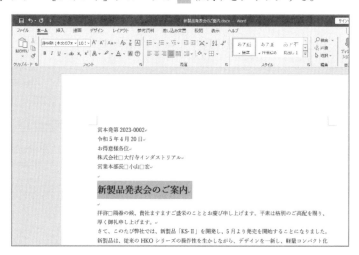

ページ設定ダイアログ（文字数と行数タブ）

ページ設定		? ✕

文字数と行数　余白　用紙　その他

文字方向

方向:　◉ 横書き(Z)
　　　　○ 縦書き(V)

段数(C):　1

文字数と行数の指定

○ 標準の文字数を使う(N)　　◉ 文字数と行数を指定する(H)
○ 行数だけを指定する(O)　　○ 原稿用紙の設定にする(X)

文字数

文字数(E):　44　(1-47)　字送り(I):　10.3 pt
　　　　　　　□ 標準の字送りを使用する(A)

行数

行数(R):　37　(1-45)　行送り(T):　17.75 p

プレビュー

既定に設定(D)　　　　OK　　キャンセル

2.3.5　フォントの書式の設定

　文字の大きさや書体など，文字書式を設定することで文章にアクセントが付けられる。文字の書体ことを「フォント」といい，初期設定では「游明朝」に，フォントサイズは「10.5」ポイントになっている。ここでは，次のようにフォントの書式を設定しよう。

（操作2）フォントサイズとスタイルの設定

①「新製品発表会のご案内」を選択する。

②［ホーム］タブ→［フォント］グループの 10.5 ▾ （フォントサイズ）の ▾ →「18」をクリックする。

③［ホーム］タブ→［フォント］グループの B （太字）をクリックする。

④ フォントサイズと太字のスタイルが設定される。

●文字・行・段落の範囲選択

任意の文字列	マウスポインターが I の形でドラッグ
単語	単語の上でダブルクリック
離れた文字列	2箇所目以降を［Ctrl］キーを押しながらドラッグ
行（複数の行）	行の左余白をマウスポインターが ⌐ の形でクリック（またはドラッグ）
段落	段落の左余白をマウスポインターが ⌐ の形でダブルクリック

その他の文字書式

文字のスタイルには，ビジネス文書の編集によく使うスタイルとして，［斜体］（❶）や［下線］（❷），［フォントの色］（❸），［文字の網かけ］（❹），［囲み線］（❺），［ルビ］（❻），［文字種の変換］（❼）などの種類がある。それぞれのボタンの設定結果と特徴を確認しておこう。

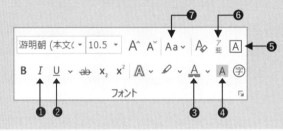

2.3.6　配置の変更

　ビジネス文書の基本レイアウトに従って，「段落」の配置を「中央揃え」や「右揃え」に設定することで，文章を見やすいレイアウトに変更する。配置を変更した後，対象の「段落」に文字を追加したり削除したりしても，設定した配置はそのまま保たれる。

●段落とは

　段落とは，［Enter］キーを押して作成される文章のブロックで，ブロックの末尾には ↵（段落記号）が表示される。この段落記号の次の行から次の段落記号までを「1段落」として扱う。

　次のように各段落の配置を設定しよう。

「営本発第 2023-0002」 「令和 5 年 4 月 20 日」 「株式会社　大行寺インダストリアル」 「営業本部長　小山　宏」	：右揃え
「新製品発表会のご案内」	：中央揃え
「担当　第一営業部 ···」	：右揃え

（操作 3）配置の変更

　①「営本発第 2023-0002」と「令和 5 年 4 月 20 日」の 2 つの段落を選択する。

② ［ホーム］タブ→ ［段落］グループの ≡（右揃え）をクリックする。

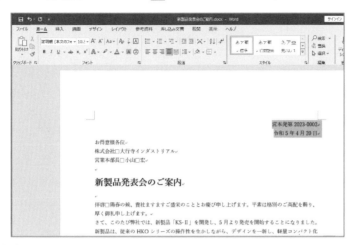

③ 配置が右揃えに変更される。

④ 同様に，「株式会社　大行寺インダストリアル」，「営業本部長　小山　宏」，「担当　第一営業部…」を右揃えにする。

（※ ［F4］キーを押すことで，直前に実行したコマンドを繰り返すことができる。）

⑤「新製品発表会のご案内」を選択する。

⑥ ［ホーム］タブ→ ［段落］グループの ≡（中央揃え）をクリックする。

2.3.7　インデントの設定

　文章の行頭または行末の位置を調整する機能を「インデント」という。インデントを設定すると，余白の位置からさらに内側に文章の表示位置を整えることができる。

● インデントの種類

① 左インデント	行頭の位置を指定する
② 右インデント	行末の位置を指定する
③ 字下げインデント	段落の1行目の位置を指定する
④ ぶら下げインデント	段落の2行目以降の位置を指定する

　次の位置にインデントを設定しよう。

「さて，このたび弊社では…」から「…ご案内申し上げます。」までの段落：字下げインデント1字
「開催日…」から「会場…」までの段落　　　　　　　　　　　　：左インデント4字

（操作4）インデントの設定

①「さて，このたび弊社では…」から「…ご案内申し上げます。」までの2つの段落を選択する。

② ［ホーム］タブ→［段落］グループの  （段落の設定）をクリックする。

③ ［段落］ダイアログボックスが表示され，［インデントと行間隔］タブが選択されていることを確認する。

④ ［インデント］の［最初の行］の (なし) ▾ の ▾ →「字下げ」を選択し，幅が「1字」になっていることを確認し，［OK］をクリックする。

⑤ 各段落の1行目に1字の字下げインデントが設定される。

⑥ 「開催日 …」から「会場 …」までの3つの段落を選択する。

⑦ ［ホーム］タブ→［段落］グループの  （段落の設定）をクリックする。

⑧ ［段落］ダイアログボックスの［インデントと行間隔］タブ→［インデント］の［左］に「4字」を設定し，［OK］をクリックする。

2.3.8　タブの設定

　［Tab］キーを利用して，行内の特定の位置で文字列を揃える機能を「タブ」という。既定では［Tab］キーを1度押すごとに4文字単位の左揃えタブが設定されている。

● タブの種類

①	左揃えタブ	指定されたタブ位置で文字列の先頭の文字を左に揃えて配置する
②	中央揃えタブ	指定されたタブ位置で文字列を中央に揃えて配置する
③	右揃えタブ	指定されたタブ位置で文字列の最後の文字を右に揃えて配置する
④	小数点揃えタブ	指定されたタブ位置で数値の小数点の位置に揃えて配置する

次の位置にタブを設定しよう。

「令和 5 年 6 月 23 日（金）」 「午後 1 時より 5 時まで」 「本社ショールーム 5 階 ・・・」 「〒 108-0074・・・」 「(JR 山手線 ・・・」	: タブ位置 12 字　左揃えの配置

（操作 5）タブの設定

① 「開催日 ・・・」から「(JR 山手線 ・・・」までの 5 つの段落を選択する。

② ［ホーム］タブ→［段落］グループの 🔲（段落の設定）をクリックする。

③ ［段落］ダイアログボックスの［タブ設定］をクリックする。

④ ［タブとリーダー］ダイアログボックスの［タブ位置］に「12」と入力する。

⑤ ［配置］でタブの種類が［左揃え］が◉になっていることを確認し，［設定］をクリックする。

　（※リーダー（※項目と項目を結ぶ線）を使用する場合はリーダーの種類を選択する。）

⑥ 設定が登録されたことを確認し，［OK］をクリックする。

⑦ 「令和 5 年 6 月 23 日（金）」の前にカーソルを移動し，［Tab］キーを押す。

⑧ 同様に，「午後 1 時より 5 時まで」，「本社ショールーム 5 階 ・・・」，「〒 108-0074・・・」，「(JR 山手線 ・・・」の前に［Tab］キーを入力する。

編集記号の表示 / 非表示

［Tab］キーを押すと，タブが挿入されたことを表す →（タブ）記号が表示される。→（タブ）記号を表示するには，［ホーム］タブの［段落］グループにある 📝［編集記号の表示 / 非表示］ボタンをクリックして表示することができる。→（タブ）記号の他にも□（全角の空白）などを編集記号という。

2.3.9 均等割り付けの設定

文字列を指定した文字数の幅に合わせて均等に表示されるように調整する機能を「均等割り付け」という。文字数の違う項目を整然と揃えることができる。

次のように文字数の幅を設定しよう。

「お得意様各位」の文字列の幅　　　：8字
「開催日」と「会場」の文字列の幅　：4字

(操作 6) 均等割り付けの設定

①「お得意様各位」を ↵ (段落記号) を含めないように選択する。

　(※ ↵ (段落記号) を含めて範囲選択した場合は，段落全体が均等割り付けされる。)

②[ホーム]タブ→[段落]グループの 🏛 (均等割り付け) をクリックする。

③[文字の均等割り付け]ダイアログボックスの[新しい文字列の幅]に「8」を設定し，[OK]をクリックする。

④「お得意様各位」が8字の幅に均等割り付けされる。

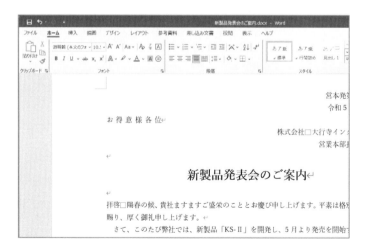

⑤ 同様に，「開催日」と「会場」に文字列の幅を「4字」に設定する。

2.3.10　箇条書きの設定

　段落の先頭に記号や番号を付けて，箇条書きの文章を読みやすくまとめることができる。設定後に行の追加や削除が行われても，番号などは自動的に調整される。

　次のように箇条書き記号を設定しよう。

「開催日 ・・・」から「会場 ・・・」までの段落　　：✓の行頭文字

（操作 7）行頭文字の設定

①「開催日 ・・・」から「会場 ・・・」の 3 つの段落を選択する。

②［ホーム］タブ→［段落］グループの ≣（箇条書き）の ⌄ →「☑」をクリックする。

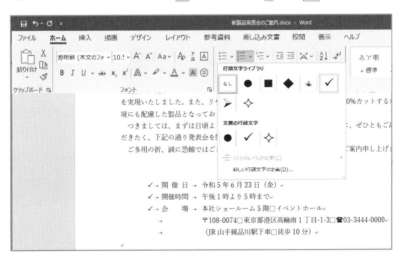

2.3.11　行間の設定

　段落の行の下端から次の行の下端までの間隔のことを「行間」という。行間の設定値を変更すると，選択されている段落のすべての行の行間が調整できる。次のように行間を設定しよう。

「開催日 ・・・」から「会場 ・・・」までの段落　　：1.5 行

（操作 8）行間の設定

①「開催日 ・・・」から「会場 ・・・」の 3 つの段落を選択する。

② ［ホーム］タブ→［段落］グループの 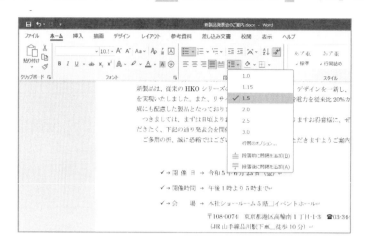（行と段落の間隔）の ▼ →「1.5」をクリックする。

2.3.12　文書の保存

作成した文書に名前を付けて保存する。ファイルを保存するには次の2つの方法がある。

名前を付けて保存	新規に作成した文書に名前を付けて保存したり，既存文書に別の名前を付けて，新しい文書として保存したりする場合に使用する。
上書き保存	既存文書への変更を保存して，最新の状態に更新する。新規に作成した文書で，このコマンドを選択すると，自動的に［名前を付けて保存］ダイアログボックスが表示される。

●文書の名前

文書の名前として使用できない以下の記号（半角）に注意し，分かりやすい名前を付ける。

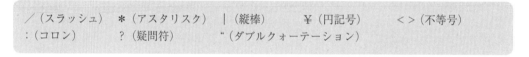

／（スラッシュ）　＊（アスタリスク）　｜（縦棒）　　¥（円記号）　　　＜＞（不等号）
：（コロン）　　　？（疑問符）　　　"（ダブルクォーテーション）

●拡張子

ファイルには，指定したファイル名の他に，ファイルの種類を識別するために半角4文字の「拡張子」が付けられる。Microsoft365のWord文書の拡張子は「.docx」と決められており，通常は保存時に自動的に付けられるため入力する必要はない。ただし，Windowsの初期設定では拡張子が表示されないため，通常はアイコンの形でファイルを識別する。（※本学の設定では拡張子が表示されている。）

次のように文書を保存しよう。

保存先	：フォルダー「第2章」
ファイル名	：「新製品発表会のご案内完成」

(操作9) ファイルの保存

① [ファイル] タブ→ [名前を付けて保存] → [参照] をクリックする。

② [名前を付けて保存] ダイアログボックスの [保存先] をフォルダー「第2章」を選択する。

③ [ファイル名] に「新製品発表会のご案内完成」と入力し，[保存] をクリックする。

④ 文書が保存され，タイトルバーに文書の名前が表示されていることを確認する。

2.3.13 表の挿入

表を利用すると，集計値や項目を見やすくまとめることができる。表を作成するにあたって表の構成とその作成方法を確認する。

●表の構成

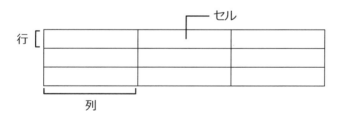

●表の作成方法

表の作成は，[挿入] タブ→ [表] グループの [表の追加] ボタンから，以下の方法で作成できる。

マス目を指定して挿入	挿入する行数と列数をマス目で指定する
列数と行数を指定して挿入	[表の挿入] ダイアログボックスで [列数] [行数] を数値で指定する
罫線を引く	マウスのドラッグ操作で作成する
文字列を表にする	タブ区切りの文字列を選択し，[文字列を表にする] ダイアログボックスで [列数] と [行数] を数値で指定する
クイック表作成	完成イメージに近い表のサンプルを選択する

マス目を指定して，次のレイアウトの表を作成しよう。

> 3行×2列の表

（操作 10）マス目を指定した表の挿入

① 新たに，フォルダー「第2章」から文書「アンケート.docx」を開いて演習する。

> ※ あらかじめ，作成する文書にタブ区切りの文字列が入力されているファイルを使用する。

② 「ご来場者様について」の下の段落にカーソルを移動する。

③ ［挿入］タブ→［表］グループの ▦ （表の追加）をクリックし，「表（3行×2列）」の位置のボックスをクリックする。

④ 挿入された表内に次のように文字を入力する。

入力例

ご来場者様について

性別	○男性□○女性
年齢	○20代□○30代□○40代□○50代以上
所属部署	

※ ○記号は，読みを「まる」と入力して変換して入力する。□は全角の空白を入力する。

タブ区切りの文字列を変換して，次のレイアウトの表を作成しよう。

> 「Q1…」から「… ご自由にお書きください。」の下の空白の行まで ：2列×10行の表

（操作 11）文字列を表にする

① 「Q1…」から「… ご自由にお書きください。」の下の空白の行も含めて選択する。

② ［挿入］タブ→［表］グループの ▦ （表の追加）から［文字列を表にする］をクリックする。

③ ［文字列を表にする］ダイアログボックスで，［列数］に「2」，行数に「10」が設定され，［文

字列の区切り］の［タブ］が ◉ になっていることを確認し，［OK］をクリックする。

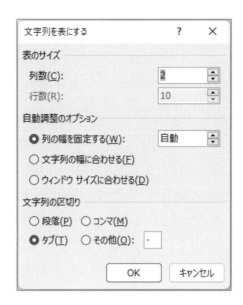

④ 2 列 × 10 行の表が挿入される。

（※タブの区切りが列の区切り，段落記号が行の区切りとした表が挿入される。）

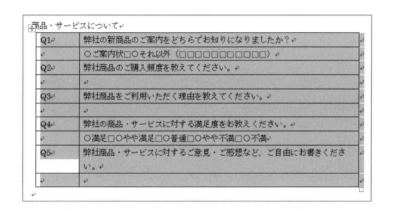

行や列の挿入 / 削除

作成した表に対して，行や列を挿入または削除することができる。

行や列を挿入または削除するには，［レイアウト］タブ→［行と列］グループの各ボタンを使用する。

削除 上に行を挿入 下に行を挿入 左に列を挿入 右に列を挿入

行と列

2.3.14　表の編集

(1) 列の幅や行の高さの変更

表を挿入すると，編集のための［デザイン］タブに自動的に切り換わる。主に表のレイアウトを整えるには［レイアウト］タブを利用する。次のように列の幅と行の高さを設定しよう。

「ご来場者様について」の表	1列目の列の幅	：20mm
	2列目の列の幅	：130mm
	1～3行目の行の高さ	：10mm
「商品・サービスについて」の表	1列目の列の幅	：20mm
	2列目の列の幅	：130mm
	1～9行目の行の高さ	：10mm
	10行目の高さ	：40mm

(操作 12) 列の幅と行の高さの変更

① 「ご来場者様について」の表の1列目を選択する。

② ［レイアウト］タブ→［セルのサイズ］グループの［幅］を「20mm」に設定する。

③ 同様に，表の2列目の［幅］を「130mm」に設定する。

④ 表の1～3行目を選択する。

⑤ ［レイアウト］タブ→［セルのサイズ］グループの［高さ］を「10mm」に設定する。

⑥ 「商品・サービスについて」の表の1列目の［幅］を「20mm」，2列目の［幅］を「130mm」，1～9行目の［高さ］を「10mm」，10行目の［高さ］を「40mm」に設定する。

商品・サービスについて		
Q1	弊社の新商品のご案内をどちらでお知りになりましたか？	
	○ご案内状　それ以外（　　　　　　　　　　　）	
Q2	弊社商品のご購入頻度を教えてください。	
Q3	弊社商品をご利用いただく理由を教えてください。	
Q4	弊社の商品・サービスに対する満足度をお教えください。	
	○満足　○やや満足　○普通　○やや不満　○不満	
Q5	弊社商品・サービスに対するご意見・ご感想など、ご自由にお書きください。	

(2) 表のレイアウトの編集

　作成した表は、複数のセルをひとつに結合したり、ひとつのセルを複数のセルに分割したり、レイアウトを自由に編集できる。表を次のレイアウトに編集しよう。

「商品・サービスについて」の表1列目の　1〜2行目
　　　　　　　　　　　　　　　　　　　3〜4行目
　　　　　　　　　　　　　　　　　　　5〜6行目　　　それぞれのセルを結合
　　　　　　　　　　　　　　　　　　　7〜8行目
　　　　　　　　　　　　　　　　　　　9〜10行目

(操作13) セルの結合

　① 表の1列目1行目「Q1」のセルから、1列目2行目の空白のセルを選択する。

　② ［レイアウト］タブ→［結合］グループの ▦ (セルの結合) をクリックする。

　③ 2つのセルが結合されたことを確認する。

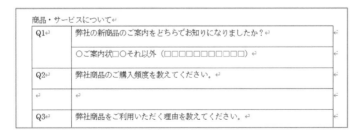

　④ 同様に、1列目の3〜4行目、5〜6行目、7〜8行目、9〜10行目をそれぞれ結合する。

　（※ ［F4］キーを押すことで、直前に実行したコマンドを繰り返すことができる。）

(3) 表内の文字の配置

　セル内の文字の配置は，水平および垂直方向に変更したり，列の幅で均等割り付けを設定したりすることができる。次のようにセル内の文字列の配置を変更しよう。

```
「ご来場者様について」の表全体　　　：両端揃え（中央）
　　　　　　　　　　　　1 列目　：セルの幅で均等割り付け
「商品・サービスについて」の表の 1 列目：中央揃え
　　　　　　　　　　　　2 列目　：両端揃え（中央）
```

(操作 14) セル内の文字の配置の変更

　① 「ご来場者様について」の表全体を選択する。

　② ［レイアウト］タブ→［配置］グループの ▤（両端揃え（中央））をクリックする。

　③ 文字列が，それぞれセルの左端で高さが中央に配置される。

　④ 同様に，「ご来場者様について」の表の 1 列目を選択する。

　⑤ ［ホーム］タブ→［段落］グループの ▤（均等割り付け）をクリックする。

　⑥ 文字列が，列の幅でそれぞれ均等に配置される。

　⑦ 「商品・サービスについて」の表の 1 列目を選択する。

　⑧ ［レイアウト］タブ→［配置］グループの ▤（中央揃え）をクリックする。

　⑨ 同様に，「商品・サービスについて」の表の 2 列目を両端揃え（中央）に設定する。

2.3.15　画像の挿入

　自分で描いたイラストや取材した写真などの画像ファイルを文書に挿入することができる。
　フォルダー「第 2 章」から，次の画像を挿入しよう。

```
ファイル「商品開発会議.png」　：「この度はご来場いただき …」の先頭に挿入
　　　　　　　　　　　　　　　：図形の幅　42mm
```

(操作 15) 画像の挿入とサイズ変更

　① 「この度はご来場いただき …」の先頭にカーソルを移動する。

　② ［挿入］タブ→［図］グループの 🖼 をクリックし，🖼［このデバイス…］をクリックする。

　③ ［図の挿入］ダイアログボックスでファイルの場所を指定して，一覧から「商品開発会議.png」を選択し，［挿入］をクリックする。

　④ 像が挿入される。

　　（※画像の周辺に〇（ハンドル）が表示され，画像が選択されていることを確認する。）

⑤ 画像が選択されていることを確認する。

⑥ ［図の形式］タブ→［サイズ］グループの［図形の幅］を「42mm」に設定する。

（※挿入した画像の初期設定により，［図形の高さ］も縦横比を保ったサイズに変更される。）

オンライン画像

［挿入］タブの［画像］ボタンから［オンライン画像］を選択すると，インターネットを経由して画像を挿入することができる。ただし，その画像が利用可能かどうか，可能な場合は画像にどのようなライセンス※が適用されているかを確認し，それに準拠して使用する必要がある。

　※「Creative Commons（**クリエイティブ・コモンズ**）」

クリエイティブ・コモンズ（CC）とは，インターネット時代のための新しい著作権ルールで，作品を公開する作者が「この条件を守れば私の作品を自由に使って構いません」という意思表示をするためのツールのこと。

「クリエイティブ・コモンズ」はクリエイティブ・コモンズ・ライセンスを提供している国際的非営利組織とそのプロジェクトの総称である。

●文字列の折り返し

挿入したイラストや写真などの画像は「行内に配置」される。画像の配置を自由に変更できるように「画像の周りに，文字をどう配置したいのか」という画像と文字との関係を設定することを「文字列の折り返し」という。折り返しには次の種類がある。

行内	1行の中に文字と画像が配置される
四角形 狭く 内部	文字が画像の周囲に回り込んで配置される
上下	文字が行単位で画像を避けて配置される
背面 前面	文字と画像が重なって配置される

次のように文字列の折り返しを設定しよう。

「商品開発会議 .png」：文字列の折り返し　背面
　　　　　　　　 ：ページの右揃え

（操作16）文字列の折り返しと配置の設定

① 挿入した画像「商品開発会議 .png」を選択する。

② ▤（レイアウトオプション）をクリックし，［文字列の折り返し］の ▤（背面）をクリックする。

　※ ［図の形式］タブ→［配置］グループの ▤（文字列の折り返し）をクリックし，一覧から「背面」をクリックしても同様の操作になる。

③ 本文の背面に，画像が重なって表示される。

④ 画像が選択されていることを確認し，［図の形式］タブ→［配置］グループの ▤（オブジェクトの配置）から「右揃え」をクリックする。

⑤ 画像の配置がページの右揃えに変更されたことを確認する。

⑥ これまで作成した文書を，フォルダー「第2章」に「アンケート完成」と名前を付けて保存する。

【演習問題】

図 2.4　演習問題の作成例は，学内・サークルメンバー宛のお知らせ文である。

1.　フォルダー「第 2 章」から「演習問題 .docx」を開き，以下の作成例を参考に，ビジネス文書の構成を考慮して見やすい文章に編集せよ（※使用する画像ファイル：「テニス .png」）。

2.　作成した文書を，フォルダー「第 2 章」に「演習問題完成」と名前を付けて保存せよ。

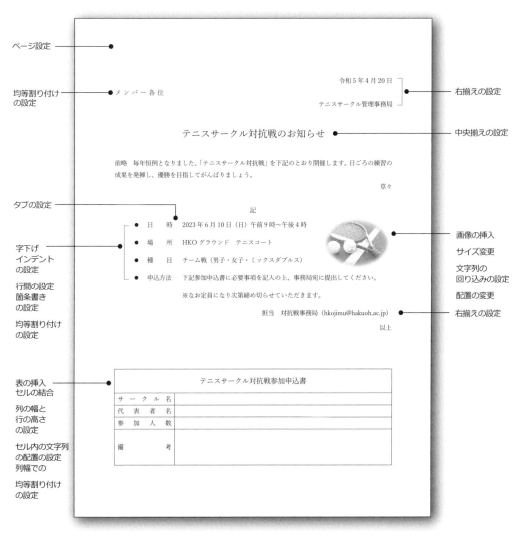

※ 編集記号を表示しているため，□は全角の空白，→ はタブ記号とする。

図 2.4　演習問題の作成例

【参考文献】

『よくわかるマスター Microsoft Office Specialist Word 365 対策テキスト＆問題集』FOM 出版, 2023

『情報リテラシーアプリ編 Windows 11 ／ Office 2021 対応』FOM 出版, 2023

コラム：Word のトレーニング

　Microsoft365 の Word は，わかりやすい操作性と優れた機能により，ビジネスシーンでも多くのユーザーが活用しているオフィスアプリケーションの代表例である。その機能は文書作成を中心に，図形描画やグラフ，ホームページ作成など多岐にわたっている。本章は，Word の入門者を対象として，一般的なビジネス文書の基本構成（「前付・本文・付記」）の理解から始め，「Word の画面構成とその名称」，「範囲選択の方法などに代表される Word の基本操作」，「文書の入力と保存」，「文字書式と段落書式の設定」，「表の作成と編集」，「画像ファイルを利用したグラフィックスの編集」などの一連の操作を，一つひとつ段階的にマスターできるよう編成してある。また，各単元は機能ごとの操作練習で構成されているので，Word のトレーニングテキストとしてうってつけである。本章を繰り返し練習することにより Word の基礎を完全にマスターし，さらに上級を目指していくことを期待している。

第3章 表とグラフの基礎

表計算ソフトの活用法に話題を移そう。手始めとしてデータの入力方法とグラフの描画方法を確認しておこう。表でもグラフでも構造とスタイルを区別することはとても大切である。

3.1 表の作成

表計算は、データを表として入力するところから始まる。

表の構成要素は、上から順に、タイトル、単位、表の本体、出所、但し書きからなる。なお、表の本体は、横見出し、縦見出し、データ部からなり、罫線を入れるのが一般的である。

[例題3.1] 関東一都六県の面積を表にする。

(操作1) 表の構造の確定とデータの入力

1行目から順に、左詰めで各要素を入力していく。ただし、セル幅も含めスタイル設定はしない。表の本体は、横と縦の見出しを含む長方形領域である。ここには通常罫線を入れて、上下にある他の要素とはっきり区別がつくようにする。

各都道府県の面積の値は、国土地理院のデータが小数第2位まで与えられている。したがって、もし整数で表示されてしまう場合は、[ホーム] タブから [数値] グループの [小数点表示の桁数を増やす] ボタンをクリックし、もともとのデータ通り小数第2位まで表示させること。

	A	B	C	D	E	F	G	H	I
1	関東一都六県の面積（令和4年10月）								
2	（単位：㎢）								
3	都道府県	面積							
4	東京都	2194.05							
5	神奈川県	2416.32							
6	埼玉県	3797.75							
7	千葉県	5156.74							
8	茨城県	6097.54							
9	栃木県	6408.09							
10	群馬県	6362.28							
11	出所：国土交通省国土地理院「令和4年 全国都道府県市区町村別面積調」								
12	https://www.gsi.go.jp/KOKUJYOHO/MENCHO/backnumber/GSI-menseki20221001.pdf								

図3.1 表の作成とファイル保存

(操作2) 表の本体の全体幅を決定

① セルの幅を調節し、表の本体の全体幅を決める。重要なところは、タイトル、出所、URLなど、すべてが収まる幅にすることである（図3.2参照）。

② タイトルは、「セルを結合して中央揃え」を実行する。

③ 2行目の「（単位：㎢）」は、「セルを結合して中央揃え」を実行後、[右揃え] にする。

④ 出所は，名称も URL も長くなりがちなので，表の全体幅に収まるように調節する。改行を入れて 2 行に折り返してもよいし，フォントを小さくする手もある。

（操作 3） スタイルの設定

① ［ホーム］タブを開き，［スタイル］グループの［セルのスタイル］をクリックする。すると，［タイトルと見出し］と［テーマのセルスタイル］のボタンの一覧表が表示される。各セルへのスタイル設定はこの一覧から，まず［タイトルと見出し］で色を設定し，次に［テーマのセルスタイル］でフォントを設定する。フォントを先に設定すると，色の設定で解除されてしまう。

② タイトルと単位に，最も適するフォントスタイルを選び設定する。

③ 横見出しと縦見出しには，データ領域と区別するため［20% アクセント］の色を付ける。

④ 罫線が消えてしまった場合は，スタイル設定の後に再度設定する。

図 3.2　表のスタイル設定

3.2　基本的なグラフ

データが表に載れば，それを利用してさまざまな処理が可能となる。ここでは，Excel のグラフ描画機能について整理しておこう。ポイントは次の 3 つである。

(1) データのセル範囲とグラフの種類さえ指定すれば，グラフの暫定版がすぐさま描かれるので，データの概況を即座に知ることができる。

(2) 統計グラフの基本は，**棒**，**折れ線**，**円**の 3 種である。ただし，役割はそれぞれ異なり，選択を誤るとデータの特徴に気付くことも，またそれを伝えることもできない。

(3) グラフは Excel の出力結果であって分析結果ではない。データにどんな特徴が潜んでいるかを，グラフから人間が読み取る必要があり，それが分析の第一歩である。

3.2.1 棒グラフ

棒グラフは，項目間の大小比較に用いる。

[例題 3.2] 図 3.2 の表は，各都道府県を項目軸にとり，面積を数値軸にとれば，都道府県の面積の大小を棒の長さで比較できる。以下にその作成手順を示す。

(操作 1) 棒グラフの描画

① 横と縦の見出しを含む領域［A3:B10］をドラッグして選択する。

② ［挿入］タブから［グラフ］，［横棒／縦棒グラフの挿入］をクリックし，［2D-縦棒］をポイントし，［集合縦棒］をクリックすると棒グラフ（暫定版）が描画される（図 3.3）。

③ データ選択にミスがないか，傾向はこれでよさそうか，などを確認し，もしこれでよければ，操作 2 に移り，グラフを完成させる。

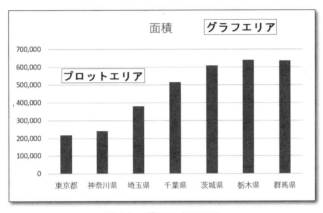

図 3.3 グラフ（暫定版）

(操作 2) 棒グラフの完成

① ［**グラフエリア**］をクリックし，グラフを選択状態にすると，［グラフツール］が起動する。

② ［デザイン］タブを開き，［グラフ要素を追加］をクリックし，そこに表示される各要素を順に選択し，設定内容をそれぞれ調節する。

  ➤ ［軸ラベル］の［第 1 横軸］（項目軸ラベルのこと）

  ➤ ［軸ラベル］の［第 1 縦軸］（数値軸ラベルのこと。通常，文字を 90 度左に寝かせる）

  ➤ ［グラフタイトル］

  ➤ ［データラベル］の［外側］（ラベルが重なるようなときは表示しない）

  ➤ ［目盛線］（必要に応じて入れる）

  ➤ ［凡例］（データ系列が複数の場合のみ選択する）

③ ［プロットエリア］を右クリックし，［プロットエリアの書式設定］を開き，［枠線］を単色で入れ，［影］を「右下」に設定する。縦と横の幅，位置も微調整する。

④ ［グラフエリア］にも同様の設定を施す。縦と横の幅，位置も微調整する。

⑤ ［数値軸目盛ラベル］の上で右クリックし，［軸の書式設定］を開き，［境界値］の最大値と最小値を変更する。

⑥ 要素の上で右クリックし，［データ系列の書式設定］を開き，［塗りつぶし］で「塗りつぶし（パターン）」を，［枠線］で「線（単色）」で色をそれぞれ設定する。

（操作 3）結果の評価

図 3.3 のグラフに対し，操作 2 の設定を施した結果が図 3.4 の完成版である。この棒グラフからデータの特徴を読み取り箇条書きでまとめるとよい。次はその例である。

- 茨城，栃木，群馬の 3 県は，いずれも 60 万 km² 強で東京都の 3 倍弱である。
- 千葉県は神奈川県の 2 倍強である。
- 全体として東京・神奈川，埼玉，千葉そして北関東 3 県の 4 階層に分けられる。

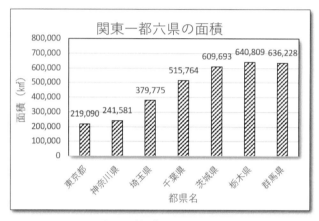

図 3.4　棒グラフ（完成版）

3.2.2　折れ線グラフ

折れ線グラフは，データが時間的な流れにしたがってどう推移するかを表現するのに適して

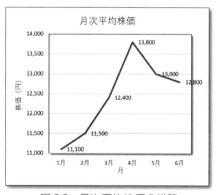

図 3.5　月次平均株価データ　　　図 3.6　月次平均株価の推移

50

いる。これは，中・長期的なマクロな視点を与える。また，直線の傾きにより時間的な変化の割合を表すことができる。これは，部分的に変化が急激か緩やかかなどミクロな視点を与える。

[例題3.3] 図3.5の表は，ある年度上期の月次平均株価データである。それを折れ線で表したのが図3.6である。描画手順は，棒グラフの場合とほぼ同様なので省略する。1月から4月まで急激に上昇し，4月をピークとして下降に転じている。ただし，4月から5月の変化に対し，5月から6月にかけての下降線は緩やかになり，減少率は小さくなっている。

3.2.3 円グラフ

円グラフは，構成比率を見るのに適している。その際，大きい順に並べ替えてからグラフを描画することで，全体に対する各項目の貢献の度合い（シェア）を一目瞭然に表せる。

[例題3.4] 図3.7の(1)の表は，ある月の各自動車メーカーの普通自動車の販売台数のデータである。これを台数の多い順に並べ替えたのが(2)の表である。ただし，「その他」の項目は最下位に置いたままにする。

(1) アルファベット順　　　　(2) 台数の多い順

図3.7　普通自動車販売台数

（操作1）データの並べ替えと円グラフ（暫定版）の描画

① 図3.7の(1)の表で，A4～B12をドラッグして領域選択する。

② ［データ］タブから［並べ替えとフィルター］グループの［降順］（下向き矢印の左側にZAと表示されているボタン）をクリックする。

③ 表が，図3.7の(2)に変更されるので，A3～B13を領域選択する。

④ ［挿入］タブから［グラフ］グループの［円またはドーナツグラフの挿入］をクリックする。

⑤ [2-D円]の［円］をクリックすると円グラフの暫定版が表示される。

(操作2) 円グラフ（完成版）の描画

① ［グラフ要素を追加］から［凡例］をクリックし，［しない］にする。

② ［グラフ要素を追加］から［データラベル］で［その他のデータラベルオプション］を選択し，［分類名］と［パーセンテージ］と［引き出し線を表示する］にチェックを入れる。

③ プロットエリアにはスタイルを設定しない。

④ グラフエリアは，他のグラフと同様に，枠線と影を設定する。

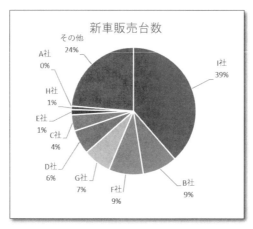

図3.8　普通自動車販売のシェア

(操作3) 結果の評価

図3.8の円グラフは，図3.7の (2) の表に基づいて作成したものである。これによると，トップシェアはI社で全体の4割弱の台数を販売していること，上位3社で全体の6割弱の台数を販売していること，上位6社で全体の75%の台数に達していることなどがわかる。

【演習問題】

1. 次は，Excel が出力可能なファイル形式である。それぞれの特徴を述べよ。

   (a)   TXT   (b)   CSV   (c)   XLTX   (d)   XLS   (e)   XLSX

   (f)   XSLM   (g)   HTML

2. 表で示した次の各データに対し，最も適すると思われるグラフの種類を棒グラフ，折れ線グラフ，円グラフから選び実際に描画せよ。また，各グラフからデータの特徴をそれぞれ3つ以上読み取り，「評価」欄を設け箇条書きでまとめよ。

(1) 販売実績データ

	2015	2016	2017	2018	2019	2020
AB2015	64	62	68	65	52	74
AF2920	46	56	75	76	70	80
LA5550	38	40	53	48	62	67

ワークステーション販売実績
<北利根電産システム株式会社>
(単位：台)

図3.9　ワークステーション販売実績

(2) 出荷額データ

府県	産出額
滋賀	76
京都	248
大阪	158
兵庫	396
奈良	112
和歌山	160
総額	1150

近畿地域における野菜の産出額
(単位：億円)
出典：農林水産省「近畿における野菜生産の現状・課題及び可能性」
http://www.maff.go.jp/kinki/kikaku/jyousei/pdf/04_tokusyu.pdf

図3.10　近畿地域における野菜の産出額

(3) 受注実績データ

	A 種別 拠点	B ソフトウェア 開発	C ネットワーク 構築・保守	D コンサルタント ／研修	E 車載・電装 ／ロボット
1	西日本電産株式会社11月度業務受注実績				
2					(単位：件)
3					
4	大阪本店	37	28	25	31
5	豊橋支店	21	23	17	32
6	敦賀支店	7	7	8	10
7	広島支社	28	21	18	12
8	福岡支社	11	14	13	9
9	徳島支店	4	5	11	3

図 3.11　西日本電産株式会社 11 月度業務受注実績

【参考文献】

師啓二（他）『これからの情報科学』学文社，2018

コンピュータリテラシー研究会（編）『データ分析の基礎』サンウェイ出版，2021

コラム：グラフの選択を誤るな！

　データの特徴をビジュアル表現するのが統計グラフの役割である。一方，Excel で描けるグラフは基本的に棒グラフ，折れ線グラフ，円グラフの 3 種類で，それぞれの役割は本文に示した通りである。したがって，どのグラフを使って描くかがとても大切で，グラフの選択を誤るとデータの特徴に気付けないばかりか，データの特徴を相手に正しく伝えることもできなくなってしまう。

　統計グラフは，小中高までは教科書や資料集を通して与えられるものであったのに対し，大学ではレポートや論文を執筆する際に自ら作成する必要がある。どんな場合にどのグラフを利用するか，基本をしっかり押さえておこう。

第4章 関数の基本操作

Excel に組み込まれている**ワークシート関数**のうち，基本的なものを一通り練習しておこう。まずは，データ表に対する横方向の集計を実施し，次に文字列の取り扱い方を見てみよう。

4.1 統計関数の基礎

[**例題 4.1**] 図 4.1 の表は，北日本を中心に展開しているあるコンビニチェーンのデータである（2022 年度上期の地区別月間売上高）。ワークシート関数を使って地区ごとの集計，すなわち横方向の集計を実施してみよう。なお，地区とは店舗のある市区のことである。

No.	地区	店舗数	4月	5月	6月	7月	8月	9月
1	仙台	18	251	204	235	265	237	245
2	福島	10	108	114	157	154	114	142
3	新潟	15	135	158	123	132	137	156
4	宇都宮	14	141	155	159	167	144	154
5	さいたま	22	412	467	412	467	483	438
6	千葉	18	261	295	264	233	254	249
7	新宿	23	563	586	459	432	501	498
8	渋谷	20	446	410	473	381	411	404
9	川崎	18	344	431	334	607	422	346
10	横浜	20	316	329	348	329	344	348

地区別月間売上高（2022年度上期）（単位：百万円）

図 4.1　売上高データ表

（操作 1）合計の計算

① セル番地 J3 に見出しの「合計」を入力する（「と」は入力しない。以下同様）。

② セル番地 J4 に半角で「=su」と入力すると，関数の候補が表示されるので，矢印キーで SUM にカーソルを合わせ，tab キーを押すと「= SUM（」まで入力される。引き続きセル番地 D4 から I4 までドラッグすると，「=SUM（D4:I4」と入力されるので，「）」を入力し，引き続いて［Enter］キーを押すとセル番地 J4 に合計金額が表示される。

③ セル番地 J4 の右下の角にマウスカーソルを合わせると細い十字形になるので押し，そのままセル番地 J13 までずり下げて離すと，J5 ～ J13 に横の合計がそれぞれ求められる。つまり，セル J4 の式をプルダウンしてコピーすると，式中の行番号が相対的にずれて，行ごとに正しい計算式が設定されたことになる。これを**相対番地**という。

④ 計算が終了したら，罫線を入れる。

- 関数の**引数**にセル番地やセル範囲を入力する際，キー入力してはいけない。表の上で，実際にそのセルをクリックするか，セル範囲をドラッグして入力すること。
- ワークシート上のセルには計算結果が表示されるのに対し，[数式バー]には，アクティブセルに入力した実際の内容，具体的には計算式が表示される。
- 一方，ファンクションキー[F2]を押すと，アクティブセルに入力した実際の式を表示できる。しかも，矢印キーで移動して内容を編集できるようになる。つまり，ファンクションキー[F2]は編集キーである。[Esc]キーを押すとアクティブセルの表示は元に戻る。
- オレンジ色の警告マーク（三角形）が出て「このセルにある数式は，隣接したセル以外の範囲を参照します。」という表示が出る場合は，「エラーを無視する」を選択する。

（操作 2）平均値，標準偏差，最大値，最小値の計算

① 操作 1 と同様の手順で，セル番地 K4 ～ N4 に，AVERAGE 関数で**平均値**，STDEV.P 関数で**標準偏差**，MAX 関数で**最大値**，MIN 関数で**最小値**を，それぞれ求める。

② セル範囲 K4：N4 を領域指定し，右下の角の＋を N13 までプルダウンして式をコピーする。番地は相対的に正しくずれて，すべてのセル番地の値が埋まる。

③ 罫線を引いて表を完成させる（図 4.2）。

▲	A	B	C	D	E	F	G	H	I	J	K	L	M	N
1	地区別月間売上高（2022年度上期）													
2									（単位：百万円）					
3	No.	地区	店舗数	4月	5月	6月	7月	8月	9月	合計	平均値	標準偏差	最大値	最小値
4	1	仙台	18	251	204	235	265	237	245	1,437	239.5	18.7	265	204
5	2	福島	10	108	114	157	154	114	142	789	131.5	20.1	157	108
6	3	新潟	15	135	158	123	132	137	156	841	140.2	12.7	158	123
7	4	宇都宮	14	141	155	159	167	144	154	920	153.3	8.8	167	141
8	5	さいたま	22	412	467	412	467	483	438	2,679	446.5	27.8	483	412
9	6	千葉	18	261	295	264	233	254	249	1,556	259.3	18.8	295	233
10	7	新宿	23	563	586	459	432	501	498	3,039	506.5	53.9	586	432
11	8	渋谷	20	446	410	473	381	411	404	2,525	420.8	30.1	473	381
12	9	川崎	18	344	431	334	607	422	346	2,484	414.0	94.5	607	334
13	10	横浜	20	316	329	348	329	344	348	2,014	335.7	11.9	348	316

図 4.2　地区別（横方向の）集計結果

【注意】

- 標準偏差の関数には，STDEV.P と STDEV.S がある。ここでは前者を使用する。この関数は，引数を母集団全体とみて母集団の標準偏差を返す。
- 平均値の欄に整数値が並ぶ場合は，J4 ～ J13 をドラッグし，[ホーム]タブの[数値]グループの「小数点以下の表示桁数を増やす」ボタンで小数第 1 位まで表示させる。
- 標準偏差の欄に並ぶ小数がすべて 7 桁表示の場合は，[ホーム]タブの[数値]グループの

「小数点以下の表示桁数を減らす」ボタンで小数第1位まで表示させる。

- 列番号ボタンの間にマウスを置き，ダブルクリックするとセル幅を最適にできる。
- 複数の列番号ボタンをドラッグして同時に選択状態にした上で，いずれかの列番号ボタンの幅を変更すると，すべてのセル幅をそれと同じに変更できる。

（操作3）平均値による順位，基準値との比較，基準値以上の月数の計算

① セル番地の O2 に「平均値」，P2 に「基準値」，Q2 に「300」を入力する。

② セル番地 O3 〜 Q3 に，それぞれ「順位」，「以上」，「月数」を入力する。

③ セル番地 O4 に，順位を求める関数の「=RANK.EQ（K4,K4：K13）」を入力し，[Enter]キーを押すと，仙台地区の平均値について10地域内での順位が表示される。

④ セル番地 O4 に戻り，[F2]キーを押し編集モードにし，矢印キーで K4 に移動し [F4]キーを押す。すると「=RANK.EQ（K4,$K$4：K13）」となる。同じく，K13 に移動して [F4]キーを押して「=RANK.EQ（K4,$K$4：$K$13）」に変更し，[Enter]キーで確定する。$の付いたセル番地は，式をコピーしても変化しない。これを**絶対番地**という。

⑤ セル番地 O4 を O13 までプルダウンすると，10地区の順位がすべて得られる。

⑥ セル番地 P4 に，関数式「=IF（K4>=$P$2,"Y","N"）」を入力し，中央揃えしてから，セル番地 P13 までプルダウンしてコピーする。各地区の平均値が，基準値 500 百万円以上なら Y，そうでなければ N と表示される。

⑦ セル番地 Q4 に，関数式「=COUNTIF（D4:I4,">="&$Q$2）」を入力し，セル番地 Q13 までプルダウンしてコピーする。地区ごとに，6 か月のうち月間売上高が基準値 300 百万円以上となった月数が表示される。

A	B	C	D	E	F	G	H	I	J	K		O	P	Q
1	地区別月間売上高（2022年度上期）													
2								（単位：百万円）				平均値	基準値	300
3 No.	地区	店舗数	4月	5月	6月	7月	8月	9月	合計	平均値	値	順位	以上	月数
4 1	仙台	18	251	204	235	265	237	245	1,437	239.5	04	7	N	0
5 2	福島	10	108	114	157	154	114	142	789	131.5	08	10	N	0
6 3	新潟	15	135	158	123	132	137	156	841	140.2	23	9	N	0
7 4	宇都宮	14	141	155	159	167	144	154	920	153.3	41	8	N	0
8 5	さいたま	22	412	467	412	467	483	438	2,679	446.5	12	2	Y	6
9 6	千葉	18	261	295	264	233	254	249	1,556	259.3	33	6	N	6
10 7	新宿	23	563	586	459	432	501	498	3,039	506.5	32	1	Y	6
11 8	渋谷	20	446	410	473	381	411	404	2,525	420.8	81	3	Y	6
12 9	川崎	18	344	431	334	607	422	346	2,484	414.0	34	4	Y	6
13 10	横浜	20	316	329	348	329	344	348	2,014	335.7	16	5	Y	6

図 4.3　基準値との比較

【注意】

- 順位を求める関数には RANK.EQ と RANK.AVG がある。同順位の数値が複数ある場合，前者は最上位の順位を返し，後者は順位の平均値を返す。
- IF 関数の引数は 3 つである。第 1 引数は条件となる論理式，第 2 引数は条件が満たされたときの表示内容，第 3 引数は条件が満たされないときの表示内容をそれぞれ指定する。
- COUNTIF 関数は，第 1 引数で指定した範囲に，第 2 引数で指定した条件を満たすセルが何個あるかを返す。第 2 引数の論理式は文字列で指定する。上記の例では，別のセルに入力されている数値を基準値として間接的に指定するために，&で文字列を連結させている。基準値を式に直接書き込む場合は，「">=300"」とする。

4.2 文字列関数の基礎

[例題 4.2] 図 4.4 の表「地区別集計表 (2022 年度上期)」は，例題 4.1 で作成した図 4.3 の表を基に作成した。この表を利用して，文字列関数の使い方を練習してみよう。最終結果は，図 4.5 の表に示す通りである。

	A	B	C	D	E
1	\multicolumn{5}{c	}{地区別集計表 (2022年度上期)}
2					(単位：百万円)
3	No.	地区	地方公共団体コード	売上高	基準値月数
4	1	仙台	041009	1,437	0
5	2	福島	072010	789	0
6	3	新潟	151009	841	0
7	4	宇都宮	092011	920	0
8	5	さいたま	111007	2,679	6
9	6	千葉	121002	1,556	0
10	7	新宿	131041	3,039	6
11	8	渋谷	131130	2,525	6
12	9	川崎	141305	2,484	6
13	10	横浜	141003	2,014	6

図 4.4　地区別集計表 (2022 年度上期)

(操作 1) 地区別集計表 (2022 年度上期) の作成 (データのコピーと編集)

① 新規シートを開き，「タイトル」と「単位」を入力する。

②「No.」と「地区」の欄は，旧シートからそのままコピーする。

③ セル番地 C3 に見出しを入れる。なお，セル内で改行したいときは，[Alt]＋[Enter] を押す。

④ セル範囲 [C4:C13] に各都市の「地方公共団体コード」を入力する。

⑤「売上高」と「基準値月数」の欄は，旧シートの「合計」と「月数」の欄からコピーする。ただし，貼り付けは，単なる [貼り付け] ではなく，[値を貼り付け] にすること。

【注意】市区町村コードを入力する際，先頭の0が消えてしまう場合の対処法

- 先頭に半角のアポストロフィを付けると文字列扱いになる。

- セル範囲［C4:C13］をドラッグし，右クリックで［セルの書式設定］から［文字列］を選択し，［OK］をクリックすれば，アポストロフィを付ける必要はなくなる。

- セルの左上の角に黒三角マークがつき，［このセルにある数値が，テキスト形式か，またはアポストロフィで始まっています。］という警告が出る場合は，警告（！）をクリックし［エラーを無視する］を選択すると警告は消える。

（操作2）都道府県コード，市区町村コード，検査数字の取得

① セル番地 F3，G3，H3 に，列の見出しをそれぞれ入力する。

② セル番地 F4 に式「=VALUE（LEFT（C4,2））」を入力する。

③ セル番地 G4 に式「=VALUE（MID（C4,3,3））」を入力する。

④ セル番地 H4 に式「=VALUE（RIGHT（C4,1））」を入力する。

⑤ セル範囲［F4：H4］をドラッグし，右下角の十字形を H13 までプルダウンし，コピーする。

（操作3）フリガナと売上高桁数の取得

① セル番地 I3 と J3 に，列の見出しをそれぞれ入力する。

② セル番地 I4 に式「=PHONETIC（B4）」を入力する。

③ セル番地 J4 に式「=LEN（D4）」を入力する。

④ セル範囲［I4：J4］をドラッグし，右下角の十字形を J13 までプルダウンし，コピーする。

	A	B	C	D	E	F	G	H	I	J
1				地区別集計表（2022年度上期）						
2										（単位：百万円）
3	No.	地区	地方公共団体コード	売上高	基準値月数	都道府県コード	市区町村コード	検査数字	フリガナ	売上高桁数
4	1	仙台	041009	1437	0	4	100	9	センダイ	4
5	2	福島	072010	789	0	7	201	0	フクシマ	3
6	3	新潟	151009	841	0	15	100	9	ニイガタ	3
7	4	宇都宮	092011	920	0	9	201	1	ウツノミヤ	3
8	5	さいたま	111007	2679	6	11	100	7	サイタマ	4
9	6	千葉	121002	1556	0	12	100	2	チバ	4
10	7	新宿	131041	3039	6	13	104	1	シンジュク	4
11	8	渋谷	131130	2525	6	13	113	0	シブヤ	4
12	9	川崎	141305	2484	6	14	130	5	カワサキ	4
13	10	横浜	141003	2014	6	14	100	3	ヨコハマ	4

図 4.5 地区別集計表（2022 年度上期）（最終結果）

【注意】

- LEFT,MID,RIGHT は，いずれもある文字列から指定した長さの文字列を取り出す関数である。また，VALUE は文字列として入力した数字を数値データに変換する関数である。今

回の結果はいずれも数値データであるため，すべて右揃いになっている。

- PHONETIC 関数は，ふりがなの文字列を返す。また，LEN 関数は**文字列の長さ**（文字数）を返す。引数が数値データの場合は桁数を返す。

【演習問題】

1. 次に示す各データに対し，例題 4.1 の集計方法を参考にして，それぞれ横方向ある
   いは縦方向の集計を実施せよ。

　（1） 販売実績データ

機種 ＼ 年	2015	2016	2017	2018	2019	2020
AB2015	64	62	68	65	52	74
AF2920	46	56	75	76	70	80
LA5550	38	40	53	48	62	67

ワークステーション販売実績
<北利根電産システム株式会社>
（単位：台）

図 4.6　ワークステーション販売実績

　（2） 出荷額データ

府県	産出額
滋賀	76
京都	248
大阪	158
兵庫	396
奈良	112
和歌山	160
総額	1150

近畿地域における野菜の産出額
（単位：億円）

出典：農林水産省「近畿における野菜生産の現状・課題及び可能性」
http://www.maff.go.jp/kinki/kikaku/jyousei/pdf/04_tokusyu.pdf

図 4.7　近畿地域における野菜の産出額

(3) 受注実績データ

	種別 拠点	ソフトウェア 開発	ネットワーク 構築・保守	コンサルタント ／研修	車載・電装 ／ロボット
				(単位：件)	
大阪本店		37	28	25	31
豊橋支店		21	23	17	32
敦賀支店		7	7	8	10
広島支社		28	21	18	12
福岡支社		11	14	13	9
徳島支店		4	5	11	3

図 4.8　西日本電産株式会社 11 月度業務受注実績

2. 例題 4.1 で使用した図 4.1 の売上高のデータ表を新しいシートにコピーし，縦の集計を実施せよ。つまり，14 行〜 18 行に，それぞれ合計，平均値，標準偏差，最大値，最小値の欄を追加すること。なお，平均値と標準偏差については，小数点第 2 まで表示するよう，［ホーム］タブの［数値］グループの［小数点以下の表示桁数を増やす］と［小数点以下の表示桁数を減らす］のボタンで調節せよ。

3. 例題 4.1 で作成した図 4.3 の集計結果に対し，次の処理を施せ。

(1) セル番地 R3 に見出し「平均値 (1)」を入力し，その下に地区ごとに J 列の平均値に対し小数第 1 位に四捨五入した値を設置せよ。(ヒント：ROUND 関数)

(2) セル番地 S3 に見出し「標準偏差 (2)」を入力し，その下に地区ごとに K 列の標準偏差に対し小数第 2 位に四捨五入した値を設置せよ。

4. 例題 4.2 で作成した図 4.5 の集計表に対し，次の処理を施せ。

(1) セル番地 K3 に見出し「ローマ字」を入力し，その下に地区ごとに地区名をアルファベット大文字で入力せよ。(例：SENDAI)

(2) セル番地 L3 に見出し「頭文字 (小文字)」を入力し，その下に地区ごとに地区名のアルファベットの頭文字を小文字にして設置せよ。(ヒント：LOWER 関数)

(3) セル番地 M3 に見出し「新地区コード」を入力し，その下に地区ごとに，地方公共団体コードの左 5 桁，売上高桁数の 1 桁，(2) の頭文字 1 桁を連結したものを設置せよ。(ヒント：CONCATENATE 関数)

【参考文献】

師啓二（他）『これからの情報科学』学文社，2018

総務省「総務省｜電子自治体｜全国地方公共団体コード」

http://www.soumu.go.jp/denshijiti/code.html（2024.02.10）

コラム：Excel の組み込み関数

　Excel の組み込み関数とは，カレントセルに「＝関数名（引数 1, 引数 2,…）」の形式で式を入力すると，一定の計算法の下で結果を返してくる機能のことである。カレントセルには計算結果が表示され，入力した式は内部的に保持され，ファンクションキーの［F2］を押すと表示される（［数式バー］にも表示される）。**引数**（ひきすう）とは，関数に引き渡す情報のことで，複数ある場合はコンマで区切る。

　Excel で組み込み関数を利用するときのポイントは次の通りである。(1) カレントセル上で「＝」に続けて関数名の最初の何文字かを入力すると候補がプルダウンリストに並ぶ。(2) 上下矢印キーで関数名を移動すると右側に説明が表示されていくので，目的の関数を見つける。(3) 使用する関数が定まったら［Tab］キーを押すとカレントセルに「＝関数名（」までが入力され，引数の入力待ち状態になる。(4) カレントセルの下側に関数の入力形式がヒントとして表示されるので，それを見ながら実際の引数をコンマで区切りながら入力していき，最後に括弧で閉じてから［Enter］キーを押せば結果が表示される。

第5章　データの整理

　実験や観察あるいはアンケートなどによってデータを入手したら，まずはデータの整理あるいは要約を行う。この作業は2段階に分かれる。最初は，**欠損値**や**外れ値**への対応，データ形式の統一などからなる作業で，前処理とも呼ばれる。そして次に行うのが，詳細な分析に進む準備として，箱ひげ図や度数分布を求め，データの特徴を把握する作業である。本章では，このような統計解析の初期段階で実施する予備的手法を3つ紹介する。

5.1　箱ひげ図と5数要約

　数値の大小が問題になるデータのことを一般に**量的データ**という。また，それらのうち長さや時間のように，測定の精度が上がればいくらでも小数点以下の桁数を増やせる実数値データのことを**連続量データ**という。ただし，実際の場面では，価格，個数，得点などのように離散量であるものも連続量として取り扱うことが多い。以下では，このような連続量データの1系列を入手した場合の処理を考える。

[例題5.1]　次の表は，あるコンピュータシステムに登録されているファイルの容量を調べた結果である。B列の「系列（元）」が入手データ（生データ：row dataともいう）である。

	A	B	C
1		ファイルの容量	
2			（単位：KB）
3	No.	系列(元)	系列(整理)
4	1	210	210
5	2	174	174
6	3	170	170
7	4	230	230
8	5	230	230
9	6	201	201
10	7	194	194
11	8	178	178
12	9	176	176
13	10	164	164
14	11	198	198
15	12	320	320
16	13	265	265
17	14	174	174
18	15	128	128
19	16	240	240
20	17	14	185
21	18	185	264
22	19	264	304
23	20	304	

図5.1　生データと整理したデータ

（操作1）箱ひげ図と5数要約によるデータの整理

① セル範囲［B3：B23］をドラッグし領域指定する。

② ［挿入］タブから［グラフ］グループの右下角の［すべてのグラフを表示］をクリックする。

③ ［グラフの挿入］ダイアログボックスが開くので，［すべてのグラフ］タブをクリックし［箱ひげ図］を選択し，［OK］をクリックすると，**箱ひげ図**（暫定版）が表示される。

④ グラフツールが開くので，［デザイン］タブの［グラフ要素を追加］をクリックし，必要箇所を変更する。ここでは，［軸］の［第1横軸］をクリックして無効にし，タイトルを付け，データラベルを［右］に設定する。

⑤ 箱の内部をクリックし，グラフツールの［書式］タブで，［図形の塗りつぶし］をクリックし，［塗りつぶしなし］を選択する。同じく［図形の枠線］をクリックし，線の色を黒にする。さらに［図形の効果］をクリックし，影を右下に設定する。

⑥ プロットエリアをクリックし，［図形の枠線］で線の色を黒にする。同じく，［図形の効果］をクリックし，影を右下に設定する。

⑦ データ14は，箱の下方の離れた所に丸印とともに表示されているので**外れ値**とする。

⑧ データ14を除外した新たな系列「系列（整理)」を追加し，箱ひげ図を再描画する。

⑨ 箱ひげ図にデータラベルとして追加されている5つの値を**5数要約**といい，小さい順に，**最小値**（第0四分位数），**第1四分位数**（25パーセント点），**中央値**（第2四分位数，50パーセント点），**第3四分位数**（75パーセント点），**最大値**（第4四分位数）という。

⑩ 箱の中央に×印で表示されているのは**平均値**である。

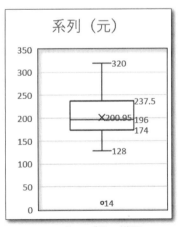

図5.2　箱ひげ図の描画

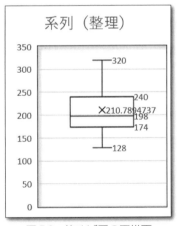

図5.3　箱ひげ図の再描画

【注意】箱の幅Dを四分位差といい，箱の上下から1.5D以上離れた値を外れ値とする。上の例では，1.5D=1.5(237.5−174)=95.25なので，値14が外れ値として認識された。

5数要約は，次のようにワークシート関数の QUARTILE.INC 関数でも求められる。

- 最小値：「= QUARTILE.INC（$C$4:CS22,0）」
- 第1四分位数：「= QUARTILE.INC（$C$4:CS22,1）」
- 中央値（第2四分位数）：「= QUARTILE.INC（$C$4:CS22,2）」
- 第3四分位数：「= QUARTILE.INC（$C$4:CS22,3）」
- 最大値：「= QUARTILE.INC（$C$4:CS22,4）」

QUARTILE.INC 関数の代わりに，PERCENTILE.INC 関数も利用できる。また，最小値，中央値，最大値には，それぞれ MIN,MEDIAN,MAX 関数も利用できる。

【注意】 箱ひげ図の特徴

　箱ひげ図は，四分位数を用いてデータの散らばり具合を表しており，データの順位に着目した図的統計手法といってよい。四分位数間に入るデータの個数の比はすべて等しく 1/4 であるが，データの個数それ自体は箱ひげ図には表れない。したがって，データの個数が少ない場合（目安としては 25 個未満）に用いることが多い。また，複数の箱ひげ図を並べることでデータのばらつきを比較することができる。

5.2　統計関数を利用したデータの特性値の計算

　データの個数が多い場合には，全体的な特徴をつかむために，平均値や分散といったデータの特性値を求め，他のデータとの比較検討に利用する。

［例題 5.2］ あるオンラインシステムにおける入出力時間の測定結果（単位 秒）として，次のデータを手に入れた。統計関数を利用してデータの特性値を求めてみよう。

　件　数：50 件

　データ：57, 69, 58, 56, 62, 62, 60, 61, 70, 64, 56, 65, 61, 73, 63, 67, 58, 72, 55, 76, 59, 56, 60, 59, 68,
　　　　　52, 88, 67, 68, 68, 61, 58, 63, 78, 60, 63, 65, 68, 78, 52, 62, 70, 70, 72, 65, 64, 80, 61, 78, 58

（操作 1）データ表の作成

　図 5.4 を参考にデータ表を作成する。なお，データの個数が多いので（紙面の都合もある），10 個（列）ずつの5段（行）表示にしている。つまり長方形の形に並べている。

（操作 2）データの特性値の算出

- 1列離した右側に，平均値をはじめとする主な特性値の欄をとる。
- L3 ～ L10 に，項目として特性値の名称を入力する。
- M3 ～ M10 に，実際の関数の式を入力する（右側にその式をヒントとして記載してある）。データの存在範囲を示す引数には，すべて共通の「A3：J7」を指定する。

図 5.4　データの特性値の算出

(操作3) 出力結果の評価

- 平均値は約 64.7 秒である。いずれのジョブも出力までに平均約 1 分強の時間がかかっていることが分かる。平均値は，データの分布（次節で表示する）の重心の位置を表す。

- 標準偏差は約 7.6 秒である。分散の平方根である。ばらつきの度合いを表す。分布が仮に正規分布にしたがうとすると，64.7 ± 7.6 の範囲に全体の約 7 割弱のデータが収まっている状況であることが分かる。記述統計（章末のコラム参照）なので，最後尾に P の付く関数を使用している。

- 分散は約 57.4 である。ばらつきの度合いを表す。記述統計なので，標準偏差の 2 乗である。こちらも記述統計なので，最後尾に P の付く関数を使用している。

- 範囲は，最大値と最小値の差である。

- 合計は全データの和である。次のデータの個数で割った値が平均値である。

5.3　度数分布表とヒストグラム

データの個数が多い場合には，データの分布状況をビジュアルにつかむために，度数分布表とヒストグラムを作るとよい。

5.3.1　度数分布表

度数分布表は，各**階級**（クラスともいう）をその区間の中点 で代表させ，その値を**階級値**と呼んで，各階級値と度数の対応を表にしたものである。このとき，最大度数をもつ階級値を最頻値（mode：モード）といい記号 Mo で表す。

度数分布表を作成するには次の手順をとる。

【度数分布表の作り方】

(F1) 級の数 k を決める：表 5.1 はそのための一つの目安である。

(F2) 級の幅 h を決める：範囲を級の数で割り，それに近い測定単位の整数倍とする。

(F3) 最小の境界値を決める：通常，$a_1 = 最小値 - \dfrac{測定単位}{2}$

(F4) 最小の階級値 を求める：$c_1 = a_1 + \dfrac{h}{2}$

(F5) 以下順に h を加えていって，各階級の境界値と階級値を決める。これを階級が最大値を含むまで続ける。

(F6) 各データがどの階級に属するかをチェックし，度数を求める。

表 5.1　データの数と級の数

データの数	級の数
$25 \sim 100$	$6 \sim 10$
$100 \sim 250$	$7 \sim 12$
250 以上	$10 \sim 20$

【注意】測定単位とは，データの精度を表すものであるか，たとえばデータが整数値で与えられていれば 1，小数第 1 位まで与えられていれば 0.1 とする。

[例題 5.3] 例題 5.2 と同様のデータを使って，まず度数分布表を作成し，その結果を利用してヒストグラムを描画してみよう。

(操作 1) データ表の作成と階級および階級値の決定

① データ表を作成する。データの個数が多いので 5 段表示にしている（図 5.5 参照）。

② 階級と階級値を決定するために必要な次の各値を求める。（図 5.5 の下側参照）

以下に，各値を求めるために指定すべき数式を示しておく。

最大値：= MAX（A3:J7）

最小値：= MIN（A3:J7）

範囲（=最大値−最小値）：= I8−I9

級の数：表 5.1 により 10 とする。

級の幅（=範囲 / 級の数）：= I10 / I11

測定単位：データが整数なので 1

級の幅の修正値（測定単位の整数倍）：3.6 に近い整数として 4

最小の境界値（最小値−測定単位の 1/2）：= I9−0.5

最小の階級値（最小の境界値+級の幅 /2）：= I15+I14 / 2

表 5.2 の下側が，以上の式を使って求めた結果である。

図 5.5　例題 5.2 のデータ表

（操作 2）度数分布表の作成

　① 級番号 1 の行について，階級，階級値，データ区間の値を入力する（図 5.6 参照）。

　② 以下同様に，級番号 2,3,…の各行に，階級，階級値，データ区間の値を入力していく。これを，階級が最大値を含むまで続ける。

【注意】 最大の級の階級が最大値を含むことが重要である。したがって，「級の幅の修正値」の選び方によっては，最大の級番号は，先に決定した「級の数」に一致するとは限らない。

（操作 3）度数の計算（FRERQUENCY 関数と配列数式の利用）

　① 度数分布の出力先として，セル範囲［P3：P12］をドラッグして領域指定する。（図 5.6 参照）

　② 先頭の P3 セルに，次の FREQUENCY 関数の式を「）」まで入力し，③に移る。

$$=FREQUENCY（A3:J7,O3:O11）$$

　　セル範囲［A3:J7］と［O3：O11］は，シート上でドラッグして指定する。キー入力しない。

　　この式は，セル範囲［A3：J7］をデータ，セル範囲［O3：O11］を範囲として，①で指定した領域に度数分布表を出力せよという意味である。

　③ 関数式を最後尾の「）」まで入力したら，［Ctrl］キーと［Shift］キーを押しながら，［Enter］キーを押す（これを簡単に，［Ctrl+Shift］＋［Enter］と書く）。すると，領域指定したところに，度数が出力される。以上が，一つの関数式を使って，ある領域に結果を一括出力するための**配列数式**という機能である。

【注意】 各階級は「左境界値以上，右境界値未満」と設定する。そのとき，FREQUENCY 関数で階級ごとの度数を求めようとしても，機械は「未満」が理解できないので，階級を「左境界値より大きく，右境界値以下」とし，右境界値の値を系列として指定することで，度数を

求めている。そこで，本来の右境界値を測定単位の半分だけ小さく設定することで，「左境界値以上，右境界値未満」に対応できるようになる。

級番号	階級	階級値	データ区間	度数
\multicolumn{5}{c}{度数分布表}				
1	51.5〜55.5	53.5	55.5	3
2	55.5〜59.5	57.5	59.5	10
3	59.5〜63.5	61.5	63.5	13
4	63.5〜67.5	65.5	67.5	7
5	67.5〜71.5	69.5	71.5	8
6	71.5〜75.5	73.5	75.5	3
7	75.5〜79.5	77.5	79.5	4
8	79.5〜83.5	81.5	83.5	1
9	83.5〜87.5	85.5	87.5	0
10	87.5〜91.5	89.5	91.5	1
計				50

図 5.6　例題 5.3 の度数分布表

（操作 4）ヒストグラムの表示

① 図 5.6 の度数分布表で「度数」の系列（10 個の値）をドラッグし，［挿入］タブから［グラフ］グループ，［2D- 縦棒］とたどり，［集合縦棒］グラフを表示させる。

② プロットエリアで右クリックし［データの選択］をクリックする。［データの選択］ダイアログボックスが開くので，［横棒ラベル］の［編集］をクリックし，「階級値」の系列を指定し［OK］をクリックする（ここでは項目軸の目盛ラベルとして，階級の代表値である「階級値」を設定したが，代わりに階級の範囲である「階級」を設定してもよい）。

③ 棒グラフの要素の上で右クリックし，［データ系列の書式設定］をクリックする。右側に開く作業ウィンドウで［要素の間隔］を 0 にする。度数分布表の階級の範囲はすべて連続的に隣り合わせで並んでいるからである（単なる棒グラフとの違いである）。

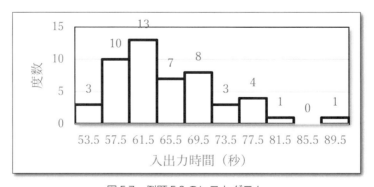

図 5.7　例題 5.3 のヒストグラム

【演習問題】

1. 第4章の例題4.1の地区別月間売上高のデータにおいて，月ごとに箱ひげ図を作成
    し，横に並べることで，月間のデータの違いを評価せよ。

2. 次の図に示されている3つのデータ系列それぞれに対し，箱ひげ図と5数要約を求
    めよ。

月	人件費	広告費	売上高
	人件費・広告費と売上高		
			（単位：千円）
1	3185	168	32423
2	2960	147	35102
3	3410	117	21523
4	3140	123	32684
5	3140	93	26536
6	3509	257	52538
7	3473	131	30645
8	2879	233	41134
9	3203	160	27585
10	3158	206	35065
11	3050	186	42545
12	3284	237	47505

図5.8　人件費・広告費と売上高

3. 次のデータに対して，データの特性値を求めよ。また，度数分布表とヒストグラム
    を作成せよ。さらに，それぞれの出力結果を評価せよ。

    件　　名：あるクラスで実施した英語テストの成績（100点満点）

    件　　数：50件

    データ：80, 92, 70, 75, 84, 65, 82, 83, 98, 75, 65, 85, 86, 74, 85, 94, 74, 82, 78, 68, 94, 69,
    　　　　81, 78, 74, 94, 87, 58, 74, 74, 69, 86, 68, 72, 98, 62, 75, 87, 83, 78, 80, 68, 75,
    　　　　77, 88, 80, 74, 68, 78, 74

【参考文献】

久米均『統計解析への出発』（シリーズ入門統計的方法 1）岩波書店，1989

丸山健夫『ナイチンゲールは統計学者だった！―統計の人物と歴史の物語―』日科技連，2008

師啓二（他）『現代の情報科学』学文社，2010

師啓二（他）『これからの情報科学』学文社，2018

酒井弘憲『統計のルーツを探る』，日本薬学会「ファルマシア」Vol.50, No.4, (2014) pp.334-335.

コラム：記述統計

　統計という言葉は，明治初期に「すべてをとりまとめてはかる」という意味で，英語の statistics の訳語として登場した。一方，英語の statistics はドイツ語の Statistik の訳語で，その基は Staatskunde（国状学），さらにその語源はラテン語の status（国，場所，立つ）である（酒井 (2014) による）。つまるところ統計は，国家や集団に関する知識という意味から出発している。

　さて，統計的手法を駆使し，対象となる集団あるいは現象を理解しようとするとき，入手したデータがそのまま実態として把握される，すなわちすべてのデータが手に入っているとする立場を**記述統計**という。本章で紹介している処理は，すべてこの記述統計の立場で行っているものと見てよいだろう。これに対し次章からの立場が**推測統計**である。

第6章　推測統計

　推測統計とは，部分的なデータから全体を推し量るとか，過去のデータから将来を予測するなど，考察の対象に対し統計的推論を駆使して何らかの結論を導き出そうとするものである。したがって，統計解析の主流をなすものであって，第5章の記述統計とは明確に区別される。Excel には分析ツールと呼ばれる推測統計用のアドインソフトが組み込まれており，本章ではそのうち基本統計量とヒストグラムの2つのツールを使って推測統計の基礎を練習する。

6.1　推測統計と標本調査

　推測統計では，集団の一部を調査し，その結果から集団全体の性質や傾向を推測する。そのためのデータの収集と整理のことを**標本調査**という。標本調査では，集団全体を**母集団**，調査のために抽出された部分を**標本（サンプル）**という。ただし，標本の各要素（標本点）は母集団からランダム（無作為）に取り出されるものとする。

　このことから，推測統計には次の3つの作業が含まれると考えらえる。

- データ収集：実験・観察・アンケートなどによって標本を入手し，整理すること（標本調査）。
- データ処理：各種の統計処理技法を駆使し，データを処理して出力結果を得ること。
- データ分析：出力結果から，考察対象について意味ある情報を引き出し，評価・解釈を施すこと。

　また，母集団は何らかの分布を持っていると仮定することが多く，それを**母集団分布**という。そのとき母集団分布の平均値，分散，標準偏差，比率を，それぞれ**母平均**，**母分散**，**母標準偏差**，**母比率**と呼び，それらを総称して**母数**と呼ぶ。また，標本から計算される平均値や分散についても同様に，標本平均，標本分散などと呼び，それらを総称して**統計量**と呼ぶ。

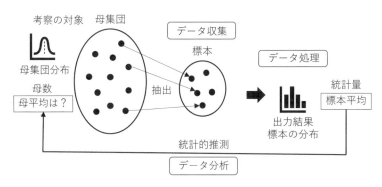

図 6.1　推測統計と標本調査

6.2　分析ツールのアドイン

「分析ツール」は Excel の標準ツールには含まれないアドイン機能なので，利用に先立って一度だけ次のような設定をしておく必要がある。

（操作 1）アドインの設定

① ［ファイル］タブから［オプション］をクリックし，［Excel のオプション］ダイアログボックスで，［アドイン］をクリックする。

② ［アドイン］ペインの下方の［設定］をクリックすると，［アドイン］ダイアログボックスが表示されるので，［分析ツール］にチェックを入れ，［OK］をクリックする。

③ Excel の［データ］タブの［分析］グループに，[**データ分析**]が追加される。

図 6.2　［分析］グループの［データ分析］コマンド

【注意】「データ分析」は，Excel のアドイン機能の一つで，一度有効にしておけばいつでも利用できる。ただし，［データ］タブからアイコンが消えていることがある。メモリの余裕がなくなったためと考えられる。不要なシートやグラフを削除し，再度アドインすること。

　さて，分析ツールは，分析に必要なデータとパラメータ（引数）をダイアログボックス上で指定した上で開始ボタンをクリックすると，自動的にデータの分析処理を実行し，計算結果を表やグラフとして出力してくれる便利なツールである。以下では，基本統計量と，ヒストグラムの各ツールを試していく。

　なお，一つのワークシート上で同時に実行できるのは一つのツールのみである。複数を利用したいときは，一つずつ確実に終了させていく必要がある。

6.3　基本統計量ツールの実行

［**例題 6.1**］社員研修における成績データの基本統計量

（操作 1）データの準備とブックの保存

① Excel を起動し，新規ワークシートを開き，シート 1 に図 6.3 のデータを入力する。

② ブック名「社員研修 .xlsx」で保存する。

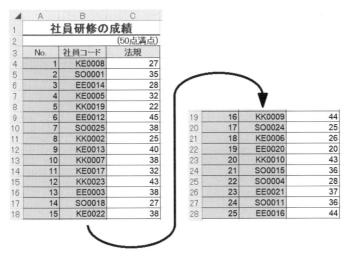

図 6.3　社員研修における成績データ

(操作 2)［基本統計量］ツールの実行

① ［データ］タブから［分析］グループの［データ分析］をクリックする。

② ［データ分析］ダイアログボックスが開くので，[**基本統計量**]をクリックする。

③ ［基本統計量］ダイアログボックスが開くので，必要事項を入力し［OK］をクリックする。

(1) ［入力範囲］や［出力先］の入力ボックスにセル範囲やセル番地を入力する際は，ケアレスミスを起こすので，キー入力してはいけない。入力ボックスの右端の上向き矢印のボタンをクリックすると，ワークシートに移るので，実際に該当のセルをクリックするか，セル範囲をドラッグするかして指定すること。セル番地あるいはセル範囲が入力されると右端の矢印が下向きになるのでクリックすると，ダイアログボックスに戻る。

(2) データ方向は，縦の系列なので「列」を指定する。データ系列は見出しも含めて指定したので，「先頭行をラベルとして使用」にチェックを付ける。

(3) 出力オプションの［出力先］には，出力先となる領域の左上の角一か所をクリックし，そのセル番地を指定する。

(4) 同じく出力オプションの［統計情報］と［平均の信頼度の出力］にチェックを入れる。信頼度は 95% に設定しておく。

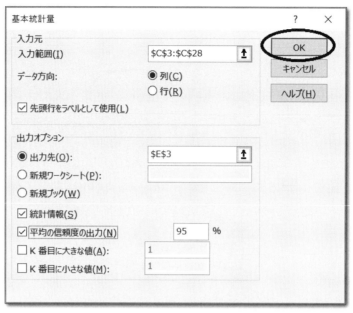

図 6.4 ［基本統計量］ダイアログボックス

【注意】「分析ツール」に登録されている他のツールも，ダイアログボックスの構造はほぼこれと
同様である。つまり，上半分でデータの入力元を指定し，下半分で出力先と処理のオプショ
ンを指定する。

④ 出力結果の確認

	D	E	F
点満点)		●基本統計量	
規		法規	
27			
35		平均	33.88
28		標準誤差	1.497019261
32		中央値 （メジアン）	36
22		最頻値 （モード）	38
45		標準偏差	7.485096303
38		分散	56.02666667
25		尖度	-1.146847295
40		歪度	-0.192977065
38		範囲	25
32		最小	20
43		最大	45
38		合計	847
27		データの個数	25
38		信頼度(95.0%)(95.0%)	3.089695899
44			

図 6.5　出力結果

⑤ 出力結果の評価

たとえば，次のような項目に着目し，データの特徴をつかむとよい。

> 平均：**標本平均**のことである。母平均の点推定に利用できる。この例であれば，標本平均が約 33.9 であることから，「母平均は約 33.9 である」と点推定できる。

> 分散：**不偏分散**のことである。母分散の不偏推定量として利用できる。

> 標準偏差：不偏分散の平方根が表示される。母集団分布が正規分布だと仮定すると，正規分布の性質から「平均値±標準偏差の範囲に全体の約 7 割弱のデータが入る」ことがいえるので，分析の一つの目安にできる。

> **信頼度** (95.0%)：母平均の区間推定に利用できる。「平均値±値」で答える。この例であれば，標本平均が約 33.9 で，信頼度 95.0% での区間幅が約 3.1 と出ているので，「母平均は 95% の確率で区間 33.9 − 3.1 〜 33.9 + 3.1 内に存在する」と区間推定できる。

【参考】基本統計量ツールの出力項目についてそれぞれ概説しておこう。括弧内は計算に使用されている関数。省略した項目については，前章の記述統計における説明を参照すること。

• 平均：標本平均のこと (AVERAGE 関数)。データの総和をデータの個数で割ったもの。算術平均または相加平均ともいう。母平均を点推定するときに使用する。

• 標準誤差：標準偏差をデータの個数の平方根で割ったもの。平均値の標準偏差のこと。

• 中央値（メジアン）：データを大きい順に並べ，ちょうど中央にくる値 (MEDIAN 関数)。データの個数が偶数のときは，中央の 2 つの値の算術平均をとる。

• 最頻値（モード）：データの中で最も個数の多い値のこと (MODE 関数)。

• 標準偏差：標本標準偏差。不偏分散の平方根 (STDEV.S 関数)。

• 分散：不偏分散 (VAR.S 関数)。ばらつきの度合いを表す。平均値からの距離の 2 乗の平均（ただし，データの自由度「データの個数 −1」で割ったもの）。標本分散を使うよりも精度の良い母分散の推定が行える。

• 尖度（せんど）：度数分布をグラフ化したときの頂上付近の鋭さを数値化したもの (KURT 関数)。裾を長く引いて中央が尖っていれば値は大きく，中央が平らで両端がストンと落ちていれば値は小さくなる。きれいな富士山型分布のとき 0 に近い値をとる。

• 歪度（わいど）：度数分布の平均値周辺での左右対称の度合いを表す (SKEW 関数)。右に裾野を引いていれば正，左に引いていれば負の値になる。左右対称の分布では 0 となる。

• 最大値 (K)：大きい方から K 番目の値 (LARGE 関数)。

• 最小値 (K)：小さい方から K 番目の値 (SMALL 関数)。

• 信頼区間 (95%)：平均が m で，この欄の値が p のとき，「母平均は，信頼度 95% で，区間 $m \pm p$ 内に存在する」と区間推定する。信頼度 95% とは，推定の確からしさ（100 回推定すればそのうち 95 回程度当たる）のこと。Excel 内部では，p の値を，母分散未知でス

チューデントのt分布の逆関数を使った式「=TINV（0.05, 自由度）×標準誤差」で求めている。

【注意】 分析ツールはあくまでも推測統計のためのツールである。したがって，記述統計の場面で使用できないことはないが，内部的な計算式がそもそも異なるので注意が必要である。たとえば，記述統計の分散，標本分散，不偏分散の違いについては，その意味とともに計算式の違いについてよく理解しておく必要がある。

6.4　ヒストグラムツールの実行

［例題 6.2］ 社員研修における成績データのヒストグラム

（操作 1）［ヒストグラム］ツールの実行

① ［データ］タブから［分析］グループの［データ分析］をクリックする。

② ［データ分析］ダイアログボックスが開くので，［**ヒストグラム**］をクリックする。

③ ［ヒストグラム］ダイアログボックスが開くので，必要事項を入力し［OK］をクリックする。

> ➤ 今回は［データ区間］は省略する。

> ➤ ［累積度数分布の表示］をチェックする。

> ➤ ［グラフ作成］をチェックする。

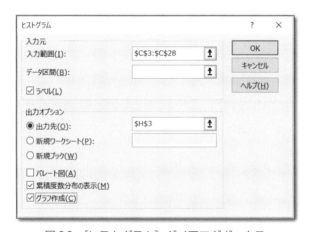

図 6.6　［ヒストグラム］ダイアログボックス

④ **度数分布表**と**ヒストグラム**の暫定版が表示される。

> ➤ 凡例は「なし」に変更する。

> ➤ 要素（棒グラフの棒のこと）の上で右クリックし，［データ系列の書式設定］をクリックし，要素間の幅を 0 にする。データ区間はすべて連続的に隣り合わせとなっているため，その上に築く縦棒も密着させるのである。

> ➤ ［系列のオプション］の［塗りつぶし］と［枠線］の設定を適宜変更する。ここでは，そ

れぞれ「塗りつぶし（パターン）」と「枠線（単色）」を選択している。

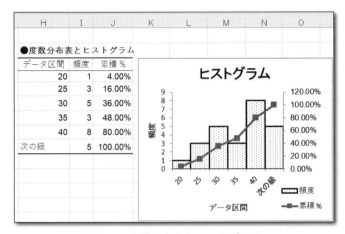

図 6.7 度数分布表とヒストグラム

⑤ 出力結果の評価

ヒストグラムの形から分布の特徴を読み取る。今回の例ではたとえば次の通り。

> 35 〜 40 の区間が最大頻度 8 をもつ。

> 30 〜 35 の区間で，3 → 5 → 8 という落ち込みがある。

> 全体に裾野をもつが，やや右にピークの寄ったきれいな山形をしている。

【注意】データ区間について

- データ区間は「A 以上 B 未満」と設定するのが通例であるが，Excel の自動処理の都合で「A より大きく B 以下」として計算され，区間の欄にも右端の B の値だけが並ぶ。

- 今回，データ区間の設定を省略しているので，次のような対応になっている。

  > データ区間（階級）の数はデータの個数の平方根の整数部分になる。上の例では，25 の平方根の整数部分として「=ROUNDDOWN（SQRT（F17），0）」すなわち 5 となる。ただし，最終的には［次の級］が 1 つ追加されて 6 区間となっている。

  > 最小のデータ区間の右端には自動的に最小値が設定される。したがって，最小のデータ区間の頻度は必ず最小値に等しいデータの個数となる。上の例では 1 となる。

  > データ区間の幅には範囲（最大値と最小値の差），ここでは F13 セルの 25 をデータ区間数 5 で割った数が割り当てられる。したがって，整数になるとは限らないが，上の例ではたまたま割り切れて 5 である。各データ区間の右端は，最小値に次々とこのデータ区間幅を足していったものになっている。

- データ区間の設定を省略しない場合は，区間の右側の境界値の設定に注意すること。従来通りの設定（「A 以上 B 未満」の形）で処理したい場合は，第 5 章に示したように，区間の境界値を測定単位の 2 分の 1 だけずらす方法をとるとよい。

【演習問題】

1. 第5章の例題5.2のデータに対して，分析ツールの基本統計量ツールを適用し，基本統計量を出力せよ。また，その結果を評価してみよ。

2. 第5章の演習問題の2のデータに対して，分析ツールの基本統計量ツールを適用し，基本統計量を出力せよ。また，その結果を評価してみよ。

3. 次のデータは，例題6.1の社員研修における「PC」の成績である（紙面の都合で横に表示している）。分析ツールの基本統計量ツールを適用し，基本統計量を出力せよ。また，その結果を評価してみよ。

図6.8　社員研修における成績データ（PC）

4. 第5章の例題5.2のデータに対して，分析ツールのヒストグラムツールによって度数分布表とヒストグラムを作成せよ。その際，データ区間の設定を省略した場合としない場合の両方を試してみよ。そして，それぞれ例題5.2の結果と比較せよ。

5. 第5章の演習問題の2のデータに対して，分析ツールのヒストグラムツールによって度数分布表とヒストグラムを作成せよ。その際，データ区間の設定を省略した場合としない場合の両方を試してみよ。そして，それぞれ第5章の演習問題の2の結果と比較せよ。

6. 例題6.2ではデータ区間の設定を省略しているが，第5章に示した方法を参考にデータ区間を設定し，分析ツールのヒストグラムツールによって度数分布表とヒストグラムを作成してみよ。また，例題6.1の結果と比較せよ。

7. 図6.8に示した社員研修における「PC」の成績データに対し，分析ツールのヒストグラムツールによって度数分布表とヒストグラムを作成せよ。その際，データ区間の設定を省略した場合としない場合の両方を試してみよ。

【参考文献】

師啓二（他）『これからの情報科学』学文社，2018

コラム：パラメトリックとノンパラメトリック

　推測統計の分野では，母集団の分布をあらかじめ仮定し（主に正規分布），実験や観察で手に入れた標本の標本平均や標本分散（一般に統計量という）の値を求め，母集団の母平均や母分散（一般に母数とかパラメータという）も同じ値かそれなりの範囲に入るだろうと推測する。このようにして母集団分布とその母数を推測する手法を一般に**パラメトリック**手法という。本書で取り扱っている内容はこのパラメトリックな場合に属している。

　一方，母集団分布の前提を取り払おうというのが**ノンパラメトリック**手法である。そこでは，入手したデータを大きさの順に並べ替えて得た「順序データ」のみに頼ってデータの傾向を推定したり検定したりする。推定や検定の基本構造はパラメトリックな場合と同じであるが，判定の拠り所となるのは母集団分布ではなく組合せの総数を使った確率分布である。

第7章　アンケートとクロス集計

　アンケート調査は，複数の人に同じ質問をして，その回答をデータとして集める調査手法である。サービスに対する満足や不満の状況を知って，改善へのヒントとするなどの目的で実施されることが多い。本章では，アンケート調査の準備とデータ処理の方法について整理する。アンケートは，通常「計画 → 実施 → 分析 → 報告」という流れで進められる。以下では，社員研修の事後アンケートを例に，その流れを追ってみることにする。なお，使用する Excel の機能は**ピボットテーブル**である。

7.1　アンケートの計画と実施

[**例題 7.1**]　社員研修事後アンケートの概要

(1) アンケートの事前準備

　実施に先立ち次のような事項を決定しておく必要がある。具体的な例に即して述べる。

- 調査目的：アンケートには，2 つのタイプがある。一つは，設定した仮説が本当に成り立っているかを検証するタイプ（仮説検証型），もう一つは事実や問題を発見しようとするタイプ（事実発見型）である。以下で紹介する例は，後者の場合に当たる。
- 調査項目：具体的な質問項目はこの調査項目をもとに作られ，またアンケートの成否は，調査項目が実施後どれだけ明確になったかで評価される。今回の例題のアンケートで知りたいことは「講義の難易度は研修生の実態に即しているか」である。
- 調査対象：社員研修を受講した社員に対する全数調査。
- 調査規模：抽出人数，回収率等のこと。例題では，職場を通して 100%回収可能とする。
- 調査時期：調査のタイミングのこと。例題では，個々の受講終了時点とする。
- 調査方法：訪問，街頭，電話，集合調査，訪問，郵送，インターネット等がある。今回の例題では，企画課発信の社内文書として実施している。
- 分析方法：通常，次の 3 段階で行う。今回の例題でもこの流れにしたがって説明する。
  - ➢ 集計：**単純集計**と**クロス集計**
  - ➢ 加工：比率の算出とデータのグラフ化
  - ➢ 評価・解釈：結果の評価とそれによりわかったこと，なぜそうなったかの解釈。
- その他：報告や公開の方法，予算措置，スケジュール管理等も，事前に計画しておく内容として重要である。

(2) アンケートの計画書

次のような計画書を作っておくと，方針が定まりやすく，質問項目も作りやすい。

表 7.1　アンケートの計画書

調査目的	研修における講座の構成方法の確定
調査項目	内容の難易度は研修生の実態に即しているか？
調査対象	研修を受講した社員に対する全数調査
調査規模	抽出人数：1 回 20 人弱。 回収率：職場を通して 100％の回収率を目指す。
調査時期	受講終了時点
調査方法	企画課発信の社内文書として実施
分析方法	・集計：単純集計とクロス集計 ・加工：比率の算出とデータのグラフ化 ・評価・解釈：結果の妥当性評価と，なぜそうなったかの解釈

7.2　アンケート項目とデータ表の準備

アンケート項目を記載したアンケート用紙の例を図 7.1 に示す。また，データ表とはアンケートの全回答者がそれぞれどのような回答をしたかを示す基本表のことである。いわゆる，アンケートの全回答を転記してできたデータの原簿のことである。その例を図 7.2 に示す。

[例題 7.2] 社員研修事後アンケートの処理

(操作 1) データ表の準備

① アンケート項目の確認：アンケート項目は，回答者のプロフィールを聞く**フェイス質問**と，アンケートの目的に直接関わる**主要質問**との 2 つに大きく分けられる。それぞれ適切な文章で書かれているか確認する。

【社員研修　事後アンケート】　企画課

研修事業の内容や方法の改善を図るための参考にさせていただきます。

あなたご自身についてお答え下さい。それぞれ 1 つを選び番号を○で囲んで下さい。

1.　所属部門はどちらですか。

①　管理　②　営業　③　技術　④　その他

2.　年齢はどちらですか。

①　20 代　②　30 代　③　40 代　④　50 代以上

法令講座の難易度についてお伺いします。それぞれ 1 つを選び番号○で囲んで下さい。

(1) 入門：①やさしかった　②丁度よい　③　やや難しかった　④難しかった

(2) 憲法：①やさしかった　②丁度よい　③　やや難しかった　④難しかった

(3) 民法：①やさしかった　②丁度よい　③　やや難しかった　④難しかった

(4) 刑法：①やさしかった　②丁度よい　③　やや難しかった　④難しかった

アンケートにご協力有難うございました。

図 7.1　アンケート用紙の例

② 目視，自動スキャン，マークシート方式など，回答と集計の方法の組み合わせは多様であるが，最終的には，データ表の形で PC に取り込んではじめて集計が開始される。

	A	B	C	D	E	F	G
1			社員研修 事後アンケート				
2	No.	所属部門	年齢	入門	憲法	民法	刑法
3	1	2	1	2	1	2	3
4	2	3	3	2	2	2	3
5	3	1	4	4	3	3	4
6	4	4	2	1	2	2	3
7	5	2	3	2	2	3	3
8	6	2	3	1	3	2	3
9	7	4	1	3	2	3	3
10	8	3	2	2	3	2	2
11	9	4	2	2	2	2	4
12	10	1	1	3	2	2	3
13	11	3	4	2	3	3	4
14	12	2	3	4	1	4	4
15	13	3	2	2	2	2	3
16	14	4	1	3	3	3	2
17	15	3	4	4	3	3	3
18	16	3	3	3	2	2	3
19	17	2	2	2	2	2	2
20	18	1	3	1	2	1	1

図 7.2　アンケートのデータ表（シート名を「データ表」としておく）

【注意】アンケートの名称，目的，対象，実施日，担当部署等のデータは，回収したアンケート結果それ自体とは異なり，「データのデータ」のようなものである。このようなデータを**メタデータ**という。資料の重要性という観点からは，このメタデータについても処理をしておく必要があるが，今回の練習では第 6 章と同じ内容になるので省略している。

[例題 7.3] すべての質問項目について単純集計（回答者数とその割合を求めること）を実施しておく。以下に，Excel の**ピボットテーブル**を使った集計法を示す。

（操作 1）ピボットテーブルを利用した単純集計

① ［挿入］タブから［**テーブル**］グループの［**ピボットテーブル**］をクリックする。

② ［テーブルまたは範囲からのピボットテーブル］ダイアログボックスが開くので，必要事項を入力して［OK］をクリックする。

　➤ データ領域を，見出しも含めて範囲指定する。

　➤ ピボットテーブルの設置場所を「新規ワークシート」に選ぶと作業がしやすい。

③ 新規ワークシートが開き，左端にピボットテーブルの設置枠が，右端に［ピボットテーブルのフィールドリスト］ウィンドウが設置される。

図7.3 ［ピボットテーブルの作成］

図7.4 ピボットテーブルとフィールドリストの操作

（操作2）フィールドごとの単純集計（「所属部門」フィールドを例にして）

① ［ピボットテーブルのフィールドリスト］ウィンドウ内で，［所属部門］フィールドを下方
にドラッグし，［行］ボックスの上でドロップする。

② ワークシートの左端にピボットテーブルが作成される。しかし，表の値は No. フィールド
のデータの合計になっているので，［ピボットテーブルのフィールドリスト］ウィンドウの
［値］ボックスの「合計／ No.」の右端の下向き黒三角をクリックし，［値フィールドの設定］
をクリックする。

③ ［値フィールドの設定］ダイアログボックスが開くので，［集計方法］タブで［個数］を選
択し，［OK］をクリックすると，ピボットテーブルの値が［個数／ No.］となる。

④ ピボットテーブルをクリックすると，リボンに［ピボットテーブルツール］が表示されるので，［分析］タブから［ツール］グループの［ピボットグラフ］をクリックする。

⑤ ［グラフの挿入］ダイアログボックスが開き，［集合縦棒］グラフが表示されるので［OK］をクリックすると，ピボットテーブルの右側に［所属部門］フィールドの単純集計の結果が縦棒グラフ（暫定版）で表示される。

⑥ ピボットテーブルの行ラベルの選択肢番号1～4をそれぞれ実際の内容「管理」～「その他」に変更する。（［F2］キーでセル内容の編集モードにできる。また，セル幅も変更する。）すると，グラフの項目軸目盛りラベルにも反映される。

⑦ ［ピボットグラフツール］の［デザイン］タブから［グラフのレイアウト］グループの［グラフ要素を追加］をクリックし，各要素を追加あるいは編集する。

➢ 第1横軸のラベルを「選択肢」に，第1縦軸のラベルを「個数」に設定する。

➢ グラフタイトルを「所属部門」に変更する。

➢ データラベルを「外側」に設定する。

➢ 凡例を「なし」に変更する。

➢ ［集合縦棒］グラフの位置と大きさを調節した後に，要素の「塗りつぶし」の色やパターンを設定する。設定に移るには，要素の上で右クリックし，［データ系列の書式設定］をクリックし，［データ系列の書式設定］ウィンドウで，［塗りつぶし］や［枠線］の項目に移動し，必要な設定を行う。

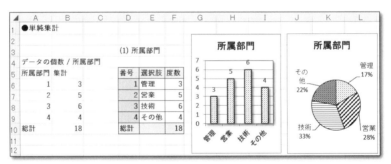

図7.5　質問項目「所属部門」の単純集計

⑧ 結果の評価

➢ 技術部門がトップで6人。

➢ 次いで営業部門が5人，その他が4人。

➢ 管理部門が3人と，比較的少ない。

【注意】ピボットテーブルは，［ピボットテーブルのフィールドリスト］ウィンドウで，フィールドのチェックをはずせば元通り空にできるので，別のフィールド（質問項目）の単純集計にそ

のまま移行できる。ただし，作成済みの表とグラフは別のシートに移動し，値の参照が起こらない形で保存しておくとよい。

（操作3）ピボットテーブルの挿入とクロス集計（「年齢」と「刑法」を例に）

① 操作1と同様に，新規ワークシートにピボットテーブルを挿入する。

② ［ピボットテーブルのフィールドリスト］ウィンドウ内で，［年齢］フィールドを下方にドラッグし，［行］ボックスの上でドロップする。

③ 同じく，［刑法］フィールドを下方にドラッグし，［列］ボックスの上でドロップする。

④ 同じく，［No.］フィールドを下方にドラッグし，［値］ボックスの上でドロップする。

⑤ ワークシートの左端にピボットテーブルが作成されるが，値は No. フィールドのデータの合計になっているので，［ピボットテーブルのフィールドリスト］ウィンドウの［値］ボックスの「合計／No.」の右端の下向き黒三角をクリックし，［値フィールドの設定］をクリックし，［値フィールドの設定］ダイアログボックスで，［集計方法］タブで［個数］を選択し，［OK］をクリックすると，ピボットテーブルの値が［個数／No.］となる。ここまでの流れを図で示したのが図7.5である。

⑥ ピボットテーブルをクリックすると，リボンに［ピボットテーブルツール］が表示されるので，［分析］タブから［ツール］グループの［ピボットグラフ］をクリックする。

⑦ ［グラフの挿入］ダイアログボックスが開き，［集合縦棒］グラフが表示されるので［OK］をクリックすると，ピボットテーブルの右側に，クロス集計の結果が縦棒グラフ（暫定版）が表示される。

⑧ 同じく，［グラフの挿入］ダイアログボックスで，[**3-D 縦棒**]グラフを選択し表示させる。

⑨ ピボットテーブルの行ラベルの選択肢番号1〜4をそれぞれ「20代」〜「50代以上」に変更し，列ラベルの選択肢番号1〜4をそれぞれ「やさしい」〜［難しい］に変更する。すると，グラフの各軸の目盛りラベルにも反映される。

⑩ ［ピボットグラフツール］の［デザイン］タブから［グラフのレイアウト］グループの［グラフ要素を追加］をクリックし，各要素を追加あるいは編集する。ここまでの流れを図で示したのが図7.6である。

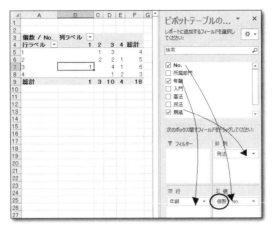

図7.6　クロス集計のためのピボット操作と集計方法を「個数」に

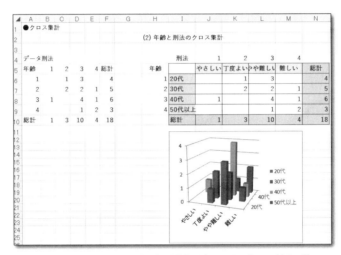

図7.7　クロス集計表と［集合縦棒］グラフと［3-D 棒］グラフ

⑪ 結果の評価

> 刑法の講義について「40代」は「やや難しい」と感じているが，「やさしい」と感じている受講者も1人いる。「丁度よい」はいない。

> 同じく「20代」と「30代」によると「やや難しい」傾向がある。

> 同じく「50代以上」は「難しい」と感じている。

> 年代が上がるにしたがって，刑法の講義は難しいと感じる傾向がある。

【注意】 3-D 縦棒グラフは，クロス集計のグラフ表示としてはメインで利用される。しかし，データの分布状況について特徴を見極めるには，集合縦棒も便利であるので，両方のグラフを描画しておくとよい。

【演習問題】

1. 例題 7.3 の「社員研修のアンケート」のデータについて，質問項目の他の組み合わせによる集計も実施してみよ。また，それぞれ出力結果を評価せよ。

2. 図 7.8 の表のデータは，50 代から 70 代までの成人を対象とした市のデジタル講習会における満足度調査の結果である。また，図 7.9 の表は質問項目ごとの選択肢の一覧表である。例題にならってクロス集計を実施し，結果を評価せよ。

受講番号	年齢	居住地	情報源	スマホ	タブレット	全般的
1	1	2	2	3	2	1
2	3	1	3	1	3	1
3	2	1	3	3	4	3
4	2	2	2	2	2	2
5	3	2	2	4	2	1
6	1	1	2	1	3	3
7	3	2	2	3	3	4
8	2	2	3	2	4	2
9	1	2	3	2	2	3
10	1	1	3	3	1	2
11	2	2	4	4	2	4
12	2	2	4	4	1	3
13	3	1	1	3	4	4
14	3	2	1	3	1	2
15	1	1	2	2	1	2
16	2	1	2	2	1	1
17	1	2	3	2	3	2
18	1	2	4	3	4	3
19	2	1	1	2	4	3
20	2	2	1	3	2	2

図 7.8　デジタル講習会おけるアンケート結果

質問ごとの選択肢の一覧表

質問項目 ＼ 回答番号	1	2	3	4
年齢	50代	60代	70代	－
居住地	南部	北部	－	－
情報源	Web	友の会	友人	家族
スマホ	満足	やや満足	やや不満	不満
タブレット	満足	やや満足	やや不満	不満
全般的	満足	やや満足	やや不満	不満

図 7.9　デジタル講習会おけるアンケート結果

【参考文献】
久米均『統計解析への出発』（シリーズ入門統計的方法 1）岩波書店，1989
師啓二（他）『現代の情報科学』学文社，2010
師啓二（他）『これからの情報科学』学文社，2018
コンピュータリテラシー研究会（編）『基礎データ分析』サンウェイ出版，2011

コラム：データの種類と尺度

　アンケート結果として収集されるデータは，大きく**数値データ**（身長，年齢など）と**文字データ**（性別，意見など）に分けられる。さらに，文字データは，性別や生れた年号（昭和，平成，令和など）のような分類項目を示す**カテゴリカル・データ**と，記述式による意見や質問などの言語データに分けられる。このうち，カテゴリカル・データについてはコード化し，数値データと同様の取り扱いができるようにする場合もある。

　そうなるとデータの取り扱いで注意が必要なのが，コード化によって見かけ上数値化されたデータと本来の数値データとの混同である。その対策として数値データを次の4つに分類し処理に当たるようにしている。

　まず，**名義尺度**は，たとえば男なら1，女なら2とコード化することで得られるデータのことである。

　次に，**順序尺度**は，たとえば「①やさしかった②丁度よい③やや難しかった④難しかった」に対する回答として得られるデータのことで，文字通り「順序」に意味がある。この2つの尺度は，カテゴリカル・データのコード化によって得られるデータの分類である。ただし，数値としての「差」には意味がない。

　これらに対し，**間隔尺度**はその「差」に意味がある数値データで，身長，年齢，温度などがその例である。

　一方，重さや速さも本来の数値データであるが，比に意味があるので**比例尺度**という。

第8章　相関分析

　これからの日本を担う若者に必要とされる基礎的実力養成のために，内閣府，文部科学省及び経済産業省は，「文理を問わずすべての大学・高専生が，正規課程にて初級レベル（リテラシーレベル）の数理・データサイエンス・AIを習得することを目標とした認定制度[1]」を創設し（2021年），教育の強化を目指している。この制度の中にあるデータサイエンス（data science）とは，「データを用いて新たな科学的および社会に有益な知見を引き出そうとするアプローチのことであり，その中でデータを扱う手法である情報科学，統計学，アルゴリズムなどを横断的に扱う[2]」学問領域である。

　本章と次章では，データサイエンス領域に属する2変量のデータの関係の理解に必要な相関分析と単回帰分析の手法を学習する。

8.1　相関係数

　相関分析とは，相関係数を用いて，データ間の関連性を分析する手法である。この節では，相関係数を定義し，その意味を解説する。ついで，乱数を用いてデータを作成し，データの分布と相関係数との関係を確認する。

8.1.1　相関係数の定義

　相関係数（correlation coefficient）は，データ項目 x と y の組 (x_i, y_i)（$i=1, 2, \cdots, n$）について (8.1) 式で定義される値 r であり，2つの項目 x と y との間の線形な関係の強さを計測する指標である。

$$r = \frac{\frac{1}{n}\sum_{i=1}^{n}(x_i-\bar{x})(y_i-\bar{y})}{\sqrt{\frac{1}{n}\sum_{i=1}^{n}(x_i-x)^2}\sqrt{\frac{1}{n}\sum_{i=1}^{n}(y_i-\bar{y})^2}} \tag{8.1}$$

　(8.1) 式の分母は x と y の標準偏差の積，分子は x と y の共分散であることから，相関係数は x と y のばらつきの積に対する x と y が共に変動する量の割合であることが分かる。また，式の形から x と y が完全に一致するとき，すなわちすべての $i=1, 2, \cdots, n$ について $x_i=y_i$ であるとき $r=1$ であり，符号のみ異なる場合，すなわちすべての i について $x_i=-y_i$ であるとき $r=-1$ となり，その他の場合は $-1<r<1$ となる。したがって相関係数の値の範囲は $-1 \leq r \leq 1$ となる（演習問題1）。

8.1.2 データの分布と相関係数

この項では，乱数を用いて2つのデータの組を作成し，その散布図と相関係数を求め，両者の関係を明らかにする。**乱数**（random number）とは，周期も自己相関もない，まったくでたらめな数の並びである。また，**散布図**（scattergram）とは，2つのデータをそれぞれ横軸と縦軸に対応させ，各データを平面上にプロットしたグラフである。

［例題 8.1］ 無相関の場合のデータの散布図と相関係数

次の手順で区間 (0, 1) の乱数を発生させ，散布図と相関係数を求めよう。

（操作 1）データの作成と相関係数の計算

① Excel を立ち上げ，図 8.1 のように2行目に項目を入力し，表の罫線を引く。

② A 列に通し番号 1 〜 100 を入力する。

③ セル B3，C3 にそれぞれ「= RAND ()」と入力し，B4~B102，C4~C102 にコピーする。RAND () は区間 (0, 1) の一様乱数（一様分布する乱数）を発生させる Excel の関数である。

④ E3 に「= CORREL (B3:B102, C3:C102)」と入力する。CORREL は相関係数を計算する Excel の関数である。本例題では CORREL を用いて相関係数を求めるが，定義式に基づいて表計算で計算することもできる（演習問題 2）。

（操作 2）散布図の作成

① B2 〜 C102 の範囲のデータを用いて散布図を作成する（図 8.1）。

② シートを更新するたびに RAND () は再計算される。この機能を用いて，セル F3 を，意味のない数値を入力して再計算を指示するセルとする。ここに1などを入力して Enter キーを押すと新たな乱数が発生し，相関係数の値と散布図が更新される。

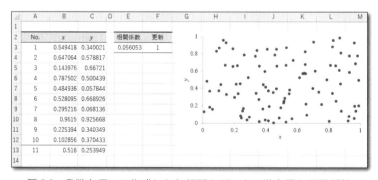

図 8.1　乱数を用いて作成した無相関なデータの散布図と相関係数

乱数により散布図と相関係数は異なるが，相関係数の絶対値は0に近く，データは x 軸，y 軸

の区間 (0, 1) の範囲内にそれぞれランダムに分布し，x と y の間に一定の関係は認められない。このような状態を x と y は互いに**無相関**である (uncorrelated) という。

[例題 8.2] 正の相関がある場合のデータの散布図と相関係数

乱数と関数 NORM.INV とを用いて正の相関があるデータを発生させ，その散布図と相関係数を求めよう。ただし，NORM.INV は正規分布の累積分布関数の逆関数で，引数の指定は以下のとおりである。確率の部分には区間 (0, 1) の一様乱数を使用する。

NORM.INV（確率，正規分布の平均，正規分布の標準偏差）

（操作 1）正の相関があるデータの作成と相関係数の計算

① Excel に新しいシートを加え，2 行目に図 8.2 の項目を入力し，表の罫線を引く。

② A 列に通し番号 1 ～ 100 を入力する。

③ セル B3 に「= NORM.INV（RAND（），0.5, 0.1）」と入力し，B102 までコピーする。

④ セル C3 に「= 2 * B3 * NORM.INV（RAND（），0.5, 0.1）」と入力し，C102 までコピーする。逆関数 NORM.INV に B3 をかけるのはセル B3 の値と相関があるようにするため，定数 2 をかけるのは値の調整のためである。

⑤ E3 に「=CORREL（B3:B102, C3:C102）」と入力する。

（操作 2）散布図の作成とデータの更新

① B2 ～ C102 の範囲のデータを用いて散布図（図 8.2）を作成する。

② RAND（）の再計算機能を用いて，セル F3 に適当な数値を入力して乱数を更新し，データの散布図と相関係数の関係を確認する。

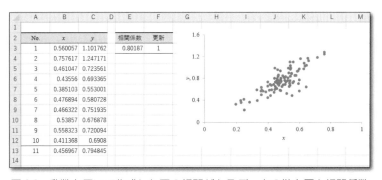

図 8.2 乱数を用いて作成した正の相関があるデータの散布図と相関係数

図 8.2 の散布図では，x の値が大きくなると y の値も大きくなるという関係がある。このような関係が成立している時，相関係数は正となり，x と y の間には**正の相関**があるという。

[例題 8.3] 負の相関がある場合のデータの散布図と相関係数

次の手順で負の相関があるデータを発生させ，散布図と相関係数を求めよう。

（操作 1）負の相関があるデータの作成と相関係数の計算

① Excel に新しいシートを加え，2 行目に図 8.3 の項目を入力し，表の罫線を引く。

② A 列に通し番号 1 〜 100 を入力する。

③ セル B3 に「= NORM.INV（RAND（），0.5, 0.1)」と入力し，B102 までコピーする。

④ セル C3 に「= 1 − 2 * B3 * NORM.INV(RAND(), 0.5, 0.1)」と入力し，C102 までコピーする。
例題 8.2 で利用した関数値を 1 から引いているのは，関数値が大きくなると，式の値が小さくなるようにするためである。

⑤ E3 に「= CORREL（B3:B102, C3:C102)」と入力する。

（操作 2） 散布図の作成とデータの更新

① B2 〜 C102 の範囲のデータを用いて散布図（図 8.3）を作成する。

② RAND（）の再計算機能を用いて，セル F3 に適当な数値を入力して乱数を更新し，データの散布図と相関係数の関係を確認する。

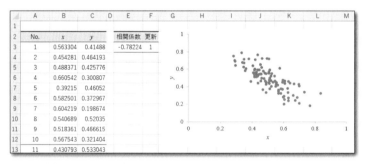

図 8.3　乱数を用いて作成した負の相関があるデータの散布図と相関係数

　図 8.3 の散布図では，x の値が大きくなると y の値は小さくなる。このような関係が成立している時，相関係数は負の値となり，x と y の間には**負の相関**があるという。

8.1.3　相関係数の値の範囲と表現

　相関係数 r は定義式より $-1 \leq r \leq 1$ の値をとるが，相関係数の範囲によって対象とする項目間の相関関係を表 8.1 のように表現する[7, 8]。実際に相関係数を用いて項目間の相関関係を議論する場合，絶対値が 0.5 以上を目安とするとよい。

表8.1　相関係数と相関関係の表現

相関係数の範囲	相関関係の強弱の表現
$0.7 < r \leq 1$	強い正の相関がある
$0.4 < r \leq 0.7$	比較的強い正の相関がある
$0.2 < r \leq 0.4$	弱い正の相関がある
$-0.2 \leq r \leq 0.2$	ほとんど相関がない（無相関）
$-0.4 \leq r < -0.2$	弱い負の相関がある
$-0.7 \leq r < -0.4$	比較的強い負の相関がある
$-1 \leq r < -0.7$	強い負の相関がある

8.2　相関分析

相関係数を用いた次のような場合に使用する分析法を**相関分析**（correlation analysis）という。

(1)　大量の項目からなるデータから関係のある項目を抽出する場合

(2)　項目間に関係があることを客観的に示したい場合

相関分析の手順としては以下のような作業を行う。

Step1　対象とする項目のデータから散布図を作成する。

Step2　項目間の相関係数からなる相関表を求める。

次の例題で Step1 と Step2 の作業を行い，(1), (2) の目的に対し，どのように答えを求めるかを体験しよう。ただし，この例題のデータは実測値ではなく，この例題のために作成したものである。

[例題 8.4]　相関分析

（操作 1）Step1 データの入力と散布図の作成

① Excel の新しいシートのセル A1 〜 F12 に，図 8.4 のデータを入力する。

② 各科目の成績間の散布図（図 8.5 〜図 8.7）を作成する。ここでは 3 例のみ示したが，すべての組み合わせについて散布図を作成しよう（演習問題 3）。

	A	B	C	D	E	F
1	表8.2　5科目のテストの成績					
2	No.	国語	数学	物理	歴史	英語
3	1	90	60	58	82	70
4	2	56	45	48	72	45
5	3	70	80	85	75	68
6	4	85	75	78	89	75
7	5	75	80	83	80	90
8	6	68	65	56	75	60
9	7	95	88	78	92	85
10	8	87	65	66	88	78
11	9	30	75	68	55	45
12	10	98	85	88	92	85

図 8.4　相関分析の対象データ

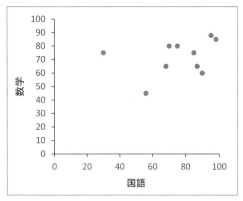

図 8.5 国語と数学の成績の散布図

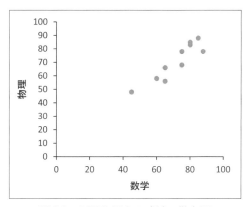

図 8.6 国語と歴史の成績の散布図

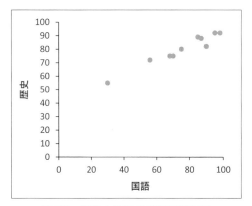

図 8.7 数学と物理の成績の散布図

（操作 2） Step2 すべての科目間の相関係数の計算

　全科目間の相関係数を求めるには，すべての科目の組み合わせについて計算する必要がある。異なる科目間の組み合わせは 5×4÷2 の 10 通りで，同じ科目間の組み合わせの 5 通りも含めると総数は 15 通りとなる。これらの相関係数のすべてを CORREL 関数で計算するのは手間がかかる。この作業を一度に行い，表の形で出力する方法を使用する。

　① リボンの「データ」タグをクリックし，「分析」グループの「データ分析」を選択する。

　② サブメニューの「相関」を選択し，OK ボタンを押す（図 8.8）。

図8.8　データ分析の中の「相関」を選択

図8.9　相関の中のパラメータの設定

② 表示されたウィンドウの中の各パラメータを図8.9のように設定しOKボタンを押す。

③ 表中の相関係数はデフォルトで小数点以下5桁程度表示されるが，もとのデータの有効数
字は2桁であることから，小数点以下の桁数は多くとも3桁程度とする。

④ 出力された表に図8.10のようなタイトルを付け，表を完成させる。

H	I	J	K	L	M
表8.3　テストの成績に関する5科目の相関表					
	国語	数学	物理	歴史	英語
国語	1				
数学	0.317	1			
物理	0.374	0.912	1		
歴史	0.972	0.320	0.390	1	
英語	0.831	0.643	0.696	0.825	1

図8.10　5科目のテストの成績に関する相関表

　相関係数を図8.10のような下三角行列で表現した表を**相関表**（correlation table）という。これ
は，相関係数の定義から，例えば国語と算数の相関係数と算数と国語の相関係数は等しくなる
ので，冗長性を除去した表現である。

　データの散布図からは，国語と歴史，数学と物理などで相関が強いことがわかる。また，相
関表から，国語と歴史，国語と英語，数学と物理は，それぞれ0.8を超える強い正の相関があり，
数学と英語，物理と英語も0.6を超えるやや強い正の相関があることがわかる。したがって本
データに関しては「｜国語，歴史，英語｜，｜数学，物理｜の科目群内の成績にはそれぞれ強い相
関関係があり，｜数学，物理｜と｜英語｜の成績もやや強い相関関係がある」と結論できる。さらに，

相関係数は誰が計算してもこのデータに関しては同じ値となるため，「科目間の関係を客観的な数値で把握できた」といえる。

8.3 相関分析を行うときの注意

相関分析を行う際は，次のことに注意する。

(1) 関連のない項目間でも相関係数が高くなる場合がある（疑似相関）

(2) 相関係数から項目間の因果関係はわからない

(3) 直線的な関係以外は把握できない

(4) 相関係数は外れ値の影響を受けやすい

これらの各注意事項を，「関東地方の都県別の PCR 検査陽性者数」と，「自動車保有台数」，「人口」の 3 項目のデータ（図 8.11）を用いて確認しよう。

[**例題 8.5**] 疑似相関の例

(操作 1) データの入力と相関表の計算

① 図 8.11 のデータをダウンロード[3, 4, 5]，もしくは入力する。

② 項目に関して相関表を求める（図 8.12）。

	A	B	C	D	E
1		表8.4　関東地方の都県別PCR検査陽性者数、自動車保有台数と人口			
2		都県名	2023年1月	2022年10月	2020年
3			PCR検査陽性者数	自動車保有台数	人口（単位：1000人）
4		茨城	603,625	2,649,685	2,867
5		栃木	397,128	1,753,953	1,933
6		群馬	418,537	1,817,371	1,939
7		埼玉	1,736,632	4,205,339	7,345
8		千葉	1,405,806	3,722,941	6,284
9		東京	4,229,361	4,429,314	14,048
10		神奈川	2,139,267	4,064,159	9,237

図 8.11　関東地方の都県別 PCR 陽性者数，自動車保有台数と人口

表8.5　関東地方の都県別PCR検査陽性者数、自動車保有台数と人口の相関表			
項目	PCR検査陽性者数	自動車保有台数	人口（単位：1000人）
PCR検査陽性者数	1		
自動車保有台数	0.822	1	
人口（単位：1000人）	0.986	0.893	1

図 8.12　関東地方の都県別 PCR 陽性者数，自動車保有台数と人口の相関表

図 8.12 で PCR 検査陽性者数と自動車保有台数の間には約 0.822 の強い正の相関がある。しかし「PCR 検査陽性者数が多い都県では自動車保有台数が多い」または「自動車保有台数が多い都県では PCR 陽性者数が多い」というような直接的な関係は考えにくい。一方人口とこれらの

項目との間には，それぞれ 0.986, 0.893 の非常に強い相関があり，「人口が多い都県では，PCR 検査陽性者数も多い」または「PCR 検査陽性者数も多い都県は，人口も多い」ことは一般的な認識と一致する。すなわち，PCR 検査陽性者数と自動車保有台数との間の相関の強さは，両項目と人口との間の相関が非常に強いことに起因している。PCR 検査陽性者数と自動車保有台数のような見せかけだけの相関を**疑似相関**（spurious correlation）という（演習問題 4）。

ところで相関表は下三角行列となっているが，これは前述のように相関係数の定義がデータ項目 x と y に対して対称で，2 種類のデータのどちらを x, y と置いても相関係数は変化しないことによる。このように，相関係数は 2 つの項目間の関係を示すが，「一方が原因で他方がその結果である」というような因果関係までは示していないことに気付きたい。

[**例題 8.6**] 直線的でない関係がある場合の例

（操作 1）図 8.13 のデータの作成と散布図の作成

① Excel の新しいシートに，図 8.13 の 2 行目のような項目を入力する。

② A 列に通し番号 1 〜 101 を入力する。

③ B3 から -5 から 0.1 ずつ 5 まで増加するデータを入力する。

④ C3 列に「= B3 ^ 2 + 5 * RAND（）」と入力し，C4 〜 C103 までコピーする。

⑤ E4 に x と y の相関係数を求める。

⑥ E8 に x が -5 から 0 までの相関係数，E12 に x が 0 〜 5 までの相関係数を求める。

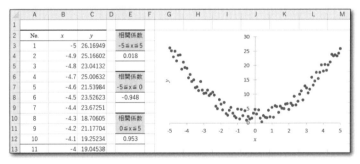

図 8.13　相関係数で表現できない関係の例

図 8.13 の x と y の間の相関係数は 0.018 と非常に小さく，x と y は無相関ということになる。しかし，データの作成法からも明らかであるが，x と y との間には $y = x^2$ という関係がある。すなわちデータ間に関係があっても線形な関係でなければ，相関係数でその関係を表現できない。一方，データを $-5 \leq x \leq 0$，$0 \leq x \leq 5$ の領域に分けてそれぞれ x と y の相関係数を求めると絶対値が 0.95 前後の値となり非常に強い相関を得る。このことから，相関係数を使用する際には

散布図を作成し，データの項目間に線形（直線的）な関係があるか否かを確認することや，相関係数を求めるのに使用したデータが，本来のデータの一部分でしかないかなどの検討が必要である（演習問題5）。

[例題 8.7] 外れ値と相関係数

（操作 1）図 8.11 のデータを用いた外れ値の検討

① 図 8.11 の関東地方の都県別人口と PCR 検査陽性者数との散布図を作成する（図 8.14）。

② 東京都を除いた相関係数を求める。

③ 東京都の PCR 陽性者数を誤って 14,229,361 とした散布図を作成する（図 8.15）。

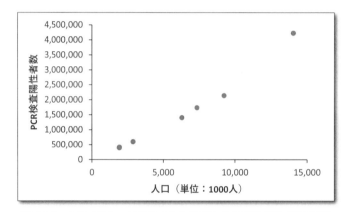

図 8.14　人口（単位：1000 人）と PCR 検査陽性者数の散布図

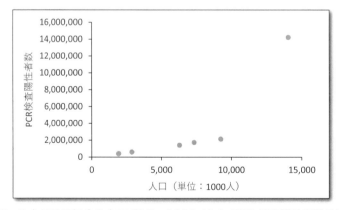

図 8.15　入力ミスの場合の人口（単位：1000 人）と PCR 検査陽性者数の散布図

　図 8.14 から関東地方の都県別の人口と PCR 検査陽性者数との関係は非常に強い正の相関があり，データが直線状に並んでいることがわかる。しかし，詳しく見ると東京都のデータのみやや PCR 検査陽性者数が多いことに気付く。図 8.14 の相関係数は，0.986，東京都を除く相関係

数は 0.999 でありほぼ 1 に近い。このことから，東京都は他の県と異なるがその差はほんのわずかであるといえる。

　ところで，データ入力の際，東京都の PCR 検査陽性者数 4,229,361 の値の先頭に誤って 1 を入力し 14,229,361 としてしまった（操作 1 ③）とする。このとき散布図は図 8.15 のようになり，東京都は他県の直線状の分布から大きく外れ，相関係数も 0.851 となり，値が大きく変わる。このような他のデータからかけ離れたデータが存在する場合，まずデータに誤りがないかを見直す。この例では，もちろん誤りなので正しい値に修正し，再度相関係数を求める。もし仮にこれが入力ミスなどではない場合，この値となった原因を検討する。誤りの原因が確定できる場合，測定をし直すなどして，原因を排除したデータを求め，再度相関係数を求める。原因がわからない場合や測定し直しが不可能な場合は問題となっているデータを外れ値（outlier）として分析から外すか否かを検討する。どのような場合に，外れ値とするかなどの検討法については統計学[6, 9]，データサイエンス[7, 8] などで学ぶので，ここでは省くが，相関係数は，他とかけ離れた数値が 1 つでも存在すると大きな影響を受けることを確認しよう（演習問題 6）。

　本章では，データが比例尺度や間隔尺度で測定された量的データの相関係数について学んだ。しかしデータには名義尺度や順序尺度で測定された質的データもあり，その場合には別の相関係数の定義を使用する[6, 7, 8, 9]。どのような統計量でも，分析法でも万能なものは存在しない。目的に応じて適切な統計量や分析法を選択する知恵が求められる。また，導いた数値に関しても一般的な認識や体験的知見と一致するか，説明可能であるかなどを検討し，意味のある結果か否かを吟味することが必要である。

【演習問題】

1. 任意の実数 $x_i, y_i\ (i=1, 2, \cdots, n)$ に対して，次式が成立する。これをコーシー＝シュワルツ（Cauchy-Schwartz）の不等式，またはシュワルツの不等式という。この式を用いて相関係数 r の値の範囲が $-1 \le r \le 1$ であることを示しなさい。

$$\left(\sum_{i=1}^{n} x_i{}^2\right)\left(\sum_{i=1}^{n} y_i{}^2\right) \ge \left(\sum_{i=1}^{n} x_i y_i\right)^2$$

2. 図 8.16 の表を完成させて，相関係数を定義に基づいて求めなさい。

	A	B	C	D	E	F	G	H	I	J
1				演習問題の表1　2科目のテストの相関係数の計算						
2	No.	国語(x)	歴史(y)	xの偏差	yの偏差	xの偏差の2乗	yの偏差の2乗	偏差の積		相関係数
3	1	90	82							
4	2	56	72							
5	3	70	75							
6	4	85	89							
7	5	75	80							
8	6	68	75							
9	7	95	92							
10	8	87	88							
11	9	30	55							
12	10	98	92							
13	合計									
14	平均									

図 8.16　相関係数の定義を用いた相関係数の計算表

3. 図 8.4 のデータのすべての科目の組み合わせの散布図（10 通り）を作成し，相関表の値と散布図の関係を確認しなさい。

4. 疑似相関が推定される 2 つの項目とその原因となる背景にある項目からなる 3 種類のデータを見つけなさい。また相関表を求めて，疑似相関であることを示しなさい。

5. 相関関係は認められないが，散布図では関連性が認められる例題 8.6 以外のデータを作成しなさい。また，相関係数を求めて題意を満たしているか検討しなさい。

6. 外れ値がある実際のデータを見つけ，散布図を作成しなさい。また，外れ値をデータに含めた場合と除いた場合の相関係数を求め，外れ値の影響を確認しなさい。

［参考文献］

[1] 内閣府ホームページ「数理・データサイエンス・AI 教育プログラム（リテラシーレベル）」の認定申請等の開始のお知らせ
https://www.8.cao.go.jp/cstp/stmain/20210224suri.html（2024.02.01）

[2] David M. Bleia, and Padhraic Smythd, "Science and data science", *PNAS*, Vol.114, No.33, 8691, August 15, 2017

[3] 厚生労働省「PCR 検査陽性者数」
https://www.mhlw.go.jp/content/10906000/001041569.pdf（2024.02.01）

[4] 自動車保有数：一般財団法人自動車検査登録情報協会
https://www.airia.or.jp/publish/statistics/ub83el00000000wo-att/01_2.pdf（2024.02.01）

[5] 県別人口「総務省統計局」
https://www.stat.go.jp/data/nihon/02.html（2024.02.01）

[6] 岩田暁一，木下宗七『テキストブック統計学』有斐閣ブックス，1979

[7] 大内俊三『データサイエンス指向の統計学』学術図書出版社，2020

[8] 髙橋弘毅，市坪誠，河合孝純，山口敦子『データサイエンスリテラシー』実教出版株式会社，2022

[9] 松原望，縄田和満，中井検裕『基礎統計学I　統計学入門』東京大学出版会，1991

コラム：コーシーシュワルツの不等式

任意の実数 x_i, y_i $(i = 1, 2, \cdots, n)$ に対して，次式が成立する。これをコーシーシュワルツ (Cauchy-Schwartz) の不等式，またはシュワルツの不等式という。

$$\left(\sum_{i=1}^{n} x_i{}^2 \right) \left(\sum_{i=1}^{n} y_i{}^2 \right) \geq \left(\sum_{i=1}^{n} x_i y_i \right)^2$$

さて，この不等式を用いて相関係数 r の値の範囲が $-1 \leq r \leq 1$ であることが示される。

[証明] 量的データの組 (x_i, y_i) $(i = 1, 2, \cdots, n)$ について，データの偏差を次のようにおく。

$$x_i' = x_i - \bar{x}, \quad y_i' = y_i - \bar{y} \quad (i = 1, 2, \cdots, n) \tag{1}$$

偏差 x_i', y_i' はともに実数なので，次のコーシーシュワルツの不等式 (2) が成立する。

$$\left(\sum_{i=1}^{n} x_i'^2 \right) \left(\sum_{i=1}^{n} y_i'^2 \right) \geq \left(\sum_{i=1}^{n} x_i' y_i' \right)^2 \tag{2}$$

(2) に (1) を代入すると，次式を得る。

$$\left(\sum_{i=1}^{n} (x_i - \bar{x})^2 \right) \left(\sum_{i=1}^{n} (y_i - \bar{y})^2 \right) \geq \left(\sum_{i=1}^{n} (x_i - \bar{x})(y_i - \bar{y}) \right)^2 \tag{3}$$

(3) 式の左辺の x または y の偏差の2乗和が0でないとすると，左辺は正となる。このとき，両辺を左辺で割ると (4) 式を得る。

$$1 \geq \frac{(\sum_{i=1}^{n} (x_i - \bar{x})(y_i - \bar{y}))^2}{(\sum_{i=1}^{n} (x_i - \bar{x})^2)(\sum_{i=1}^{n} (y_i - \bar{y})^2)} \tag{4}$$

一方相関係数 r の定義式は (5) 式である。

$$r = \frac{\frac{1}{n} \sum_{i=1}^{n} (x_i - \bar{x})(y_i - \bar{y})}{\sqrt{\frac{1}{n} \sum_{i=1}^{n} (x_i - \bar{x})^2} \sqrt{\frac{1}{n} \sum_{i=1}^{n} (y_i - \bar{y})^2}} \tag{5}$$

(4) 式の分母と分子に $\left(\frac{1}{n} \right)^2$ をかけると (6) 式を得る。

$$1 \geq \frac{\left(\frac{1}{n} \right)^2 (\sum_{i=1}^{n} (x_i - \bar{x})(y_i - \bar{y}))^2}{\left(\frac{1}{n} \sum_{i=1}^{n} (x_i - \bar{x})^2 \right) \left(\frac{1}{n} \sum_{i=1}^{n} (y_i - \bar{y})^2 \right)} \tag{6}$$

(6) 式の右辺を (5) 式の r を用いて表すと (7) 式が得られる。

$$1 \geq r^2 \quad \cdots \quad (7)$$

(7) 式より次式が得られる。

$$-1 \leq r \leq 1$$

[証終]

第9章 回帰分析

前章の関東地方の都県別人口と PCR 検査陽性者数の散布図（図8.14）を見直すと，Excel の描画機能を用いて両項目の関係を示す直線を引けるように見える。新型コロナウイルスが飛沫感染や，空気感染の可能性があることを考慮すると，人口は PCR 検査陽性者数を増加させる主要な原因の一つであると考えられる。このように，データの組 (x, y) に原因 x と結果 y という因果関係があり，その関係が直線 $y = a + bx$ $(a, b$ は定数) で表現可能である場合，定数 a, b をデータから合理的に推定し，その妥当性を検証することができる。このような目的で使用される分析法が単回帰分析[5]である。本章では，都道府県別の人口と PCR 検査陽性者数の関係を例として単回帰分析を学ぶ。

9.1 単回帰分析

単回帰分析では，2つのデータの組 (x, y) についてある定数 a と b が存在し $y = a + bx$ となる関係があることを前提とし，得られた n 個のデータが (x_i, y_i) $(i = 1, 2, \cdots, n)$ のとき，

$$y_i = a + bx_i + \varepsilon_i \quad (i = 1, 2, \cdots, n) \tag{9.1}$$

という**単回帰モデル** (simple regression model) を仮定する。この式の ε_i は誤差項で，互いに独立で平均0，分散 σ^2 の正規分布 $N(0, \sigma^2)$ に従うと仮定する。このとき，残差平方和（後述）を最小にするという合理的な条件のもとで，a, b の推定値 $\hat{a}$, $\hat{b}$ を求め，それらの値の妥当性を検討する分析法が**単回帰分析** (simple regression analysis) である。直線 $y = a + bx$ を y の x 上への**回帰直線** (regression line) と呼ぶ。b の推定値 $\hat{b}$ は回帰直線の**回帰係数** (regression coefficient)，a の推定値 $\hat{a}$ は回帰直線の **y–切片** (y-intercept) と呼ばれる。また，モデル式 (9.1) 中の変数 x を**説明変数** (explanatory variable) または**独立変数** (independent variable) と呼び，変数 y を**目的変数** (objective variable) または**従属変数** (dependent variable) と呼ぶ。説明変数が1個である場合を単回帰分析，2個以上ある場合を**重回帰分析** (multiple regression analysis) と呼び区別する。単回帰分析か重回帰分析かを区別する必要がない場合，いずれも単に**回帰分析**と呼ぶ。

回帰分析では，目的変数も説明変数も比例尺度，間隔尺度で計量された**量的データ**であることを前提とする。説明変数が名義尺度，順序尺度で計量された**質的データ**の場合には，数量化 I 類という別の分析法を用いる。また，通常の回帰分析では (9.1) 式のような線形モデルを使用するが，線形ではないモデルを使用する分析法もある。回帰分析の使用に先立ち，変数が量的データであり，変数間に線形性があることを確認することが必要である。さらにデータから推定

された回帰直線は，データが異なれば完全に一致することはない。分析により求められる回帰係数は使用データに依存した推定値である。

9.1.1　回帰直線の求め方

n 個のデータの組 (x_i, y_i) からモデル式 $y = a + bx$ の定数 a と b の推定値 $\hat{a}$, $\hat{b}$ は次のように定められる。

$$\hat{b} = \frac{S_{xy}}{S_{xx}} \tag{9.2}$$

$$\hat{a} = \bar{y} - \hat{b}\bar{x} \tag{9.3}$$

ただし，

$$S_{xy} = \sum_{i=1}^{n} (x_i - \bar{x})(y_i - \bar{y})$$

$$S_{xx} = \sum_{i=1}^{n} (x_i - \bar{x})^2$$

$$\bar{x} = \frac{1}{n} \sum_{i=1}^{n} x_i, \qquad \bar{y} = \frac{1}{n} \sum_{i=1}^{n} y_i$$

である。S_{xx} は x の**偏差平方和**(deviation sum of squares)，S_{xy} は x と y の**積和**(sum of product of deviations)という。

次に (9.2) 式，(9.3) 式がどのようにして得られるのかを考えよう。

まず，i 番目のデータ要素の組 (x_i, y_i) の y_i と y_i に対する推定値 $\hat{y}_i$ との差を考える。この差は**残差**(residual)と呼ばれ (9.4) 式で表現できる。

$$e_i = y_i - \hat{y}_i = y_i - (\hat{a} + \hat{b}x_i) \tag{9.4}$$

次にデータ全体の残差を評価することを考える。ただし，(9.4) の残差は正，負の値をとり得るので，そのまま合計すると残差全体を正しく評価できない。そのため (9.4) 式を 2 乗し，その総和である**残差平方和**(residual sum of squares)((9.5) 式)を求め，この値で残差全体を評価する。

$$S_e = \sum_{i=1}^{n} e_i^2 = \sum_{i=1}^{n} \{y_i - (\hat{a} + \hat{b}x_i)\}^2 \tag{9.5}$$

ここで，この残差平方和 S_e を最小とするように推定値 $\hat{a}$, $\hat{b}$ を定めれば，求められた回帰直線は「残差全体を最小とする直線である」という合理性を持つ。

そこで (9.5) 式を $\hat{a}$, $\hat{b}$ で偏微分して 0 と置くと (9.6) 式を得る。

$$\begin{cases} \dfrac{\partial S_e}{\partial \widehat{a}} = -2 \displaystyle\sum_{i=1}^{n} (y_i - \widehat{a} - \widehat{b}x_i) = 0 \\ \dfrac{\partial S_e}{\partial \widehat{b}} = -2 \displaystyle\sum_{i=1}^{n} x_i(y_i - \widehat{a} - \widehat{b}x_i) = 0 \end{cases} \tag{9.6}$$

この連立方程式を解き，変形すると (9.2) 式，(9.3) 式が得られる（演習問題 1）。

ところで，回帰係数と相関係数の関係を知ることは大変興味深い。復習を兼ねて回帰係数と相関係数の関係（演習問題 2）を求めてみよう。

9.2 対象データ

本章で使用するデータは，都道府県別の PCR 検査陽性者数（累積）と都道府県別の人口である（表 9.1）。

PCR 検査陽性者数は厚生労働省のホームページ (https://www.mhlw.go.jp/stf/covid-19/kokunainohasseijoukyou.html) の「新型コロナウイルス感染症について」の「国内の患者発生に関する参考資料」の中の「各都道府県の検査陽性者の状況（空港検疫，チャーター便案件を除く国内事例）」にある資料から作成した（2023 年 1 月 23 日調べ）[1]。

人口は総務省統計局 (https://www.stat.go.jp/data/nihon/02.html) の都道府県別人口（Excel の csv ファイル，2020 年[2]）から得た。

[例題 9.1] データの入力と散布図の作成

（操作 1）データのダウンロード，データの表と散布図の作成
① 上記のサイトからデータをダウンロードする。
② Excel のシートのセル A2, B2, C2 に「都道府県名」，「PCR 検査陽性者数（人）」，「人口（単位：1000 人）」と入力し，各列に対応するデータを入力（コピー）する（図 9.1）。
③ 横軸に人口，縦軸に PCR 検査陽性者数を対応させ，散布図を作成する（図 9.2）。

表 9.1　本章で使用する都道府県別の PCR 陽性者数（人）と人口（単位：1000 人）

都道府県名	陽性者数（人）	人口(1000人)	都道府県名	陽性者数（人）	人口(1000人)
北海道	1,295,823	5,225	滋賀	354,630	1,414
青森	270,286	1,238	京都	651,961	2,578
岩手	222,201	1,211	大阪	2,735,958	8,838
宮城	510,299	2,302	兵庫	1,403,943	5,465
秋田	191,316	960	奈良	330,510	1,324
山形	215,595	1,068	和歌山	224,861	923
福島	380,968	1,833	鳥取	131,615	553
茨城	603,625	2,867	島根	156,210	671
栃木	397,128	1,933	岡山	464,547	1,888
群馬	418,537	1,939	広島	757,902	2,800
埼玉	1,736,632	7,345	山口	291,970	1,342
千葉	1,405,806	6,284	徳島	154,199	720
東京	4,229,361	14,048	香川	237,104	950
神奈川	2,139,267	9,237	愛媛	295,612	1,335
新潟	432,138	2,201	高知	156,446	692
富山	223,231	1,035	福岡	1,524,277	5,135
石川	264,995	1,133	佐賀	250,597	811
福井	189,763	767	長崎	320,727	1,312
山梨	178,654	810	熊本	512,998	1,738
長野	428,092	2,048	大分	287,666	1,124
岐阜	510,216	1,979	宮崎	306,953	1,070
静岡	810,969	3,633	鹿児島	420,171	1,588
愛知	2,021,658	7,542	沖縄	567,360	1,467
三重	430,402	1,770			

	A	B	C
1		2023年1月23日	2020年
2	都道府県名	PCR検査陽性者数	人口（1000人）
3	北海道	1,295,823	5,225
4	青森	270,286	1,238
5	岩手	222,201	1,211
6	宮城	510,299	2,302
7	秋田	191,316	960
8	山形	215,595	1,068
9	福島	380,968	1,833

図 9.1　分析に使用するデータのはじめの部分

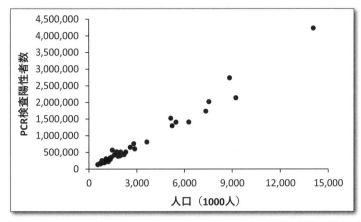

図 9.2　都道府県別人口（単位：1000 人）と PCR 検査陽性者数の散布図

　図 9.2 より都道府県別の人口と PCR 検査陽性者数との間には強い正の相関があり，直線に近い関係である。また，新型コロナウイルスの感染の仕方から，人口は PCR 検査陽性者数を増やす主要な要因の一つであると考えられる。そこで，このデータにおける人口を説明変数 x とし，PCR 検査陽性者数を目的変数 y とした単回帰分析を行う。

9.3　Excel の表計算機能を用いた回帰直線の推定

　この節では，Excel の表計算の機能を用いて，(9.2) 式と (9.3) 式を用いて回帰直線の回帰係数 b と y–切片 a を推定する。

[例題 9.2]　表計算機能を用いた回帰直線の推定と散布図の作成

（操作 1）回帰直線計算用の表の作成

　① 図 9.3 のような項目を図 9.1 の表の右の列に入力し，罫線を引く。

	A	B	C	D	E	F	G	H	I	J	K
1	表9.2　回帰式の推定と推定された回帰式によるPCR検査陽性者数の推定値										
2	都道府県名	PCR検査陽性者数　y	人口（単位：1000人）x	y の偏差	x の偏差	y と x の偏差の積	x の偏差の2乗	y の推定値		a の推定値	b の推定値
3	北海道	1,295,823	5,225								
4	青森	270,286	1,238								
5	岩手	222,201	1,211								
6	宮城	510,299	2,302								
7	秋田	191,316	960								
8	山形	215,595	1,068								
9	福島	380,968	1,833								

図 9.3　Excel の表計算機能を用いた回帰直線の推定のための表

　② セル A50 に「合計」，A51 に「平均」と入力する。

③ セル B50, C50 に PCR 検査陽性者数 y と人口 x の合計を, B51, C51 に平均の値を求める関数をそれぞれ入力する。

④ セル D3 に y の**偏差**（y_i と y_i の平均との差）を計算する式「= B3 - \$B\$51」を入力する。

⑤ セル E3 に同様な x の偏差を求める式を入力し, 沖縄のデータが存在する E49 までコピーする。

⑥ セル F3 には x の偏差（E3）と y の偏差（D3）の積を求める式を入力し, F49 までコピーする。

⑦ セル G3 には x の偏差（E3）の 2 乗を求める式を入力し, G49 までコピーする。

⑧ セル F50 に F3 から F49 の値の和を求める関数を入力する。F50 の値が S_{xy} である。

⑨ セル G50 に G3 から G49 の値の和を求める関数を入力する。G50 の値が S_{xx} である。

⑩ セル K3 に (9.2) 式の値（S_{xy}/S_{xx}）を計算する式を入力する。

⑪ セル J3 に (9.3) 式の値を計算する式を入力する。

（操作 2）推定値の散布図と回帰直線のグラフの作成

① 図 9.2 のグラフに, 推定値を縦軸に対応させた点のプロット（×）と求めた回帰直線（破線）を加えたグラフ（図 9.4）を作成する。

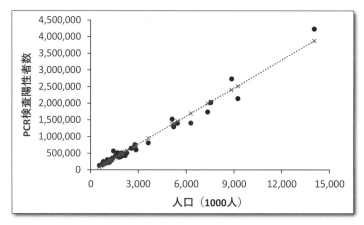

図 9.4　PCR 検査陽性者数の推定値と回帰直線

　求められた回帰係数から, 人口が 1000 人増えると, 約 281 人の PCR 検査陽性者が増えるという関係（破線）が得られた。PCR 検査陽性者数の推定値（×）と実際のデータ（●）には差がありこの差が残差である。

9.4　Excel の分析機能を用いた回帰分析

　この節では, Excel の「データ分析」を使用して回帰分析を行う。

[例題 9.3] Excel のデータ分析を用いた回帰分析

（操作 1）回帰分析の実行

① 図 9.3 のシートを表示する。

② リボンの「データ」を選択し，「分析」グループの「データ分析」をクリックする。

③ 図 9.5 のような「データ分析」画面が表示されるので，「回帰分析」を選択し，OK ボタンをクリックする。

④ 図 9.6 の「回帰分析」画面が表示されるので，「入力元」の「入力 Y 範囲（Y）:」には先頭の項目名を含めた PCR 検査陽性者数のデータの範囲をドラッグして指定する。「入力 X 範囲（X）:」には同様に人口の範囲を指定する。

⑤ 「ラベル」の欄には，データの範囲の先頭が項目名である場合に「✓」を入れる。ここではデータの先頭は項目名なので「✓」を入れる。

⑥ 「有意水準」は通常 95% または 99% を指定する。この水準は，回帰係数の信頼区間の計算や検定（後述）に使用する値である。

⑦ 「出力オプション」では分析結果をどこに出力するのかを指定する。ここでは新規ワークシートを選択する。

⑧ 「残差」グループの選択肢は，求められた回帰直線の評価に関する数値とグラフを表示するか否かの選択である。ここではすべてに「✓」を入れて選択する。

⑨ 分析結果が自動で挿入された新しいシートに表示される。このシートの名前を「回帰分析結果」としておこう。

図 9.5　データ分析画面での「回帰分析」の選択

図 9.6　回帰分析画面でのパラメータの指定

9.5　回帰分析結果の見方

前節で得られたシート「回帰分析結果」の内容を確認する。

9.5.1　決定係数と標準誤差

図 9.7 は，シート「回帰分析結果」の範囲「A1：B8」の画像である。Excel の出力ではデフォルトで小数点以下が 6 桁などとなっているが，データの通常有効数字の桁数を考慮して，小数点以下を 3 桁程度とする場合が多い。ここでは 3 桁とした。ただし図 9.7 以降では出力どおりに表示した。

「重相関 R」は実測値と推定値の相関係数である（演習問題 3）。「重決定 R2」は**決定係数**（coefficient of determination）または回帰の**寄与率**（contribution ratio）と呼ばれ，重相関の 2 乗である。決定係数は y の「ばらつき（全変動）のうちで回帰により説明できる変動の割合」を示している。今回の分析では，y のばらつきの約 97.5% を説明できる回帰直線が得られたことになる。「補正 R2」は**自由度調整済み決定係数**または**自由度調整済み寄与率**と呼ばれる。一般に説明変数の数が多くなると決定係数の値は大きくなるが，データの自由度は減るので，これを調整した値である。この自由度調整済み決定係数は重回帰分析においてより重要な意味をもつ。

回帰分析のモデル式 (9.1) の誤差項の分散 σ^2 の不偏推定量を $\hat{\sigma}^2$ とするとき，$\hat{\sigma}^2$ の平方根を**推定値の標準誤差**という。図 9.7 の「標準誤差」の右のセルの値はこの値である。標準誤差は，小さいほど回帰直線は良く適合しているといえる。この分析では，使用データの値が大きいため標準誤差が大きな値となっている。

	A	B
1	概要	
2		
3	回帰統計	
4	重相関 R	0.987
5	重決定 R2	0.975
6	補正 R2	0.974
7	標準誤差	127772.7
8	観測数	47

図 9.7　回帰分析の出力画面 (1)（決定係数と自由度調整済み決定係数）

9.5.2　回帰係数の分散比による検定

図 9.8 はシート「回帰分析結果」に出力された 2 番目の表である。この表は「回帰に意味があるか否か」を，次のような仮説を立てて検定[3, 4, 6]するのに使用される。

$$\text{帰無仮説 } H_0 : b=0, \quad \text{対立仮説 } H_1 : b \neq 0$$

10	分散分析表					
11		自由度	変動	分散	観測された分散比	有意 F
12	回帰	1	2.83E+13	2.83E+13	1734.19982	1.4E-37
13	残差	45	7.35E+11	1.63E+10		
14	合計	46	2.9E+13			

図 9.8　回帰分析の出力画面 (2)（回帰係数の検定）

この表の各行は，上から「回帰」と「残差」と「合計」の別を表している。各列はそれぞれの「自由度」，「変動（偏差平方和）」，「分散（偏差平方和を自由度で割ったもの）」，「回帰と残差の分散の比（分散比）」と「その生起確率」を示している。表中の表記，例えば，2.83E+13 は 2.83×10^{13} という値を示している。もとのデータが大きな値であり，変動（偏差平方和）などが非常に大きな値となるので，このような表記となっている。注目するのは「有意 F」の下の分散比の生起確率で，この値が 0.05，あるいは 0.01 よりも小さい場合，それぞれ「『有意水準 5%』，『有意水準 1%』で帰無仮説 H_0 は棄却される」ことになり，「回帰に意味がある」とされる。

9.5.3　回帰係数と信頼区間

図 9.9 はシート「回帰分析結果」に出力された 3 番目の表である。

16		係数	標準誤差	t	P-値	下限 95%	上限 95%	下限 95.0%	上限 95.0%
17	切片	-71120.6	25966.47	-2.73894	0.008801614	-123420	-18821.4	-123420	-18821.4
18	人口（単位：1000人）x	280.5309	6.73645	41.64372	1.39788E-37	266.963	294.0988	266.963	294.0988

図 9.9　回帰分析の出力画面（3）（回帰係数と切片の t 値による検定と 95% 信頼区間）

　　2 列目の「係数」の欄の数値は，データから推定された回帰直線の y-切片と回帰係数で，次の回帰直線が求められたことを示している。

$$y = -71120.6 + 280.5\,x$$

「t」の列の各値は，「係数」の列の値を「標準誤差」の列の値でそれぞれ割ったものである。各値は「t 値」と呼ばれ，図 9.8 の分散比と同様に，検定に使用される。P- 値は t 値の生起確率で，この値が 0.05，0.01 等より小さいことを確認する。ここでは両値ともかなり小さいので「y-切片」と「回帰係数」はそれぞれ「有意水準 1% で意味がある」といえる。また「上限 95%」，「下限 95%」の値は y-切片と傾きの 95% 信頼区間が以下のとおりであることを表している。

$$-123420 \leq a \leq -18821.4$$

$$266.96 \leq b \leq 294.10$$

9.5.4　回帰直線による推定と残差

　　図 9.10 はシート「回帰分析結果」に出力された 4 番目の表の最初の部分である。

22	残差出力					確率	
23							
24		観測値	予測値:PCR検査陽性者数 y	残差	標準残差		百分位数	PCR検査陽性者数 y
25		1	1394653	-98830.2	-0.78203		1.06383	131615
26		2	276176.6	-5890.62	-0.04661		3.191489	154199
27		3	268602.3	-46401.3	-0.36717		5.319149	156210
28		4	574661.5	-64362.5	-0.50929		7.446809	156446
29		5	198189	-6873.04	-0.05439		9.574468	178654
30		6	228486.4	-12891.4	-0.10201		11.70213	189763
31		7	443092.5	-62124.5	-0.49158		13.82979	191316

図 9.10　出力画面（4）（回帰直線による推定値，残差，標準残差，データ）の一部

　　図 9.10 の「観測値」の欄はデータの通し番号，「予測値：PCR 検査陽性者数 y」の欄は回帰直線の x に各都道府県の人口（単位：1000 人）を代入した場合の推定値が出力されている。「残差」の欄は実測値 y の値から y の予測値を引いた値，「標準残差」の欄は，残差を平均 0，標準偏差

を 1 に変換した場合の値である。「標準残差」は「標準化残差」ともいう。一般に標準化残差の「絶対値が 3.0 を超える場合は注意」,「絶対値が 2.5 以上の場合は留意」[5] として,そのデータが異常でないかどうかを検討する。異常な理由が認められる場合はそのデータを除いて再度回帰分析を行う。今回のデータでは,神奈川県の標準化残差が約 −3.01,東京都が 2.85,大阪府が 2.59 である。分析に使用したデータは公的機関による公開データをそのままダウンロードして使用しているので,入力ミスの可能性は低く,相対的に信頼性の高いデータであると考えられる。そのため,これらのデータを除く必要はないが,得られた回帰直線は,人口の特に多い 3 都府県では残差が他の道府県に比べて大きいことを認識する。

9.5.5　回帰分析で出力されるグラフ

　図 9.11 ～図 9.13 はシート「回帰分析結果」上に出力された 3 種類のグラフである。

　図 9.11 は,出力された人口（横軸）と残差（縦軸）の散布図である。ここでは,特に残差の多い都府県名を記入した。同様な散布図を人口と標準残差（標準化残差）を用いて描くことができる（演習問題 4）。このグラフ上で残差が大きいデータや,x が大きくなると残差も大きくなるような傾向的な変化が無ければ問題がないとされる。図 9.11 では人口が多くなると残差が大きくなる都府県と,残差が負の方向に大きくなる県が存在する。この結果についてはさらに検討しよう（演習問題 5 ～ 8）。

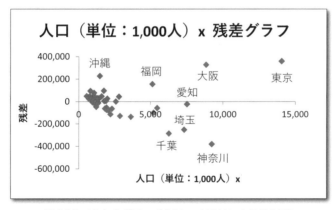

図 9.11　出力のグラフ（1）（人口と残差による散布図）

　図 9.12 は人口（横軸）と PCR 検査陽性者数の実測値・推定データ（縦軸）との散布図である。実測値と推定値を色とマーカーの種類で識別し表示されている。人口が多いデータでは,実測値と推定値の差がやや大きいことが読み取れる。

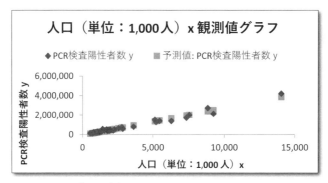

図 9.12　出力のグラフ ⑵（人口と PCR 検査陽性者数・推定値との関係）

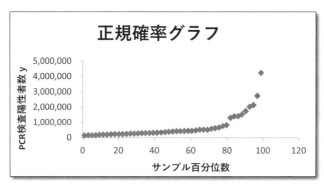

図 9.13　出力のグラフ ⑶（百分位数と人口の関係）

　図 9.13 はデータの百分位数（横軸）に対する PCR 検査陽性者数（縦軸）の値である。80％ まで
のデータが，PCR 検査陽性者数が 1,000,000 人未満であり，残りの 20％ のデータで，PCR 検査
陽性者数が急増している。また，図 9.12 より，PCR 検査陽性者数が 1,000,000 人を超えるのは
人口が 5,000（単位：1,000 人）を超える都道府県であることがわかる。

9.5.6　分析結果の記述

　以上の分析から，分析結果は，例えば以下のように記述できる。

　「都道府県別の PCR 検査陽性者数 y は，人口 x を用いて次の回帰直線で示されることが推定された。

$$y = -71120.6 + 280.5\,x$$

この回帰直線の回帰係数は有意水準 1％ で意味があり，この回帰直線により y のばらつきの
97.5％ が説明可能である。非常に当てはまりの良い回帰直線が得られたと結論できる。ただし，
残差は人口の多い都府県でやや大きい。使用データは公的機関のデータをダウンロードしたも
のであるため，入力ミスなどの単純ミスは考えにくい。そのため残差に関してさらに分析を進め
ることも興味深い」。

9.6 データ分析上の注意

　データ分析では，結果は使用したデータに依存するので，データに誤りないことが前提となる。データの入力の段階では，入力ミスのチェックと，前提から外れるデータの存在のチェックが必要である。特にデータが実際に行った実験の測定結果やアンケート調査の回答である場合は注意を要する。実験の設定，測定法，データ入力に誤りが無いか，アンケート調査の質問項目，回答方式は適切か，データの入力方法は適切かなどを検討する。外れ値の存在，分析結果の残差が大きい場合などは特にデータの見直し作業が重要であり，その原因により外れ値や測定ミスと考えられる数値を対象データから除く。また，散布図などで，データが複数の群に分割可能であると推定できる場合は，データを複数の群に分類し，群ごとに再度分析するなどする。さらに前提としたモデル式を見直し，適切でない場合は別のモデル式を採用して分析する。

　本章では，量的な実データを用いて回帰分析の考え方と実行方法，および出力として与えられる統計量の解釈を中心に学習した。回帰分析は，データ間に明らかな因果関係が存在する場合に使用可能な分析法である。回帰に意味があるか否か，得られた統計量は一般的な認識や体験知と一致するかなどを十分に吟味することが大切である。

　また，すでに記述したように説明変数が質的データの場合は数量化Ⅰ類という分析法を使用する[8]。万能な分析法というものは存在しないので，目的やデータの尺度などに応じて適切な分析法を選択する知恵が求められる。

【演習問題】

1. (9.5) 式の連立方程式を解き，(9.2) 式，(9.3) 式を求めよ。

2. 回帰直線の回帰係数と相関係数の関係（次式）をそれぞれの定義式から導きなさい。ただし，データから得られる値ということで相関係数にも推定値を意味する記号 ^（ハット）を付けた。

$$\hat{b} = \hat{r}\frac{\sqrt{S_{yy}}}{\sqrt{S_{xx}}}$$

3. PCR 検査陽性者数と回帰直線による推定値との相関係数を求めよ。

4. 例題 9.3 の結果を用いて人口と標準化残差の散布図を作成せよ。

5. 図 9.12 と図 9.13 から，人口が 5,000（単位：10,000 人）以下のデータとそれ以上のデータに分類し，それぞれの回帰分析を再度行うことは興味深い。次の設問の作業と分析を行え。

   (1) 表 9.1 のデータを人口の列で大きさの順にソートし，人口が 5,000（単位：1,000 人）以下のデータ（1 群）と 5,000 を超えるデータ（2 群）に分類し，別々のシートにコピー，シート名前を「1 群」と「2 群」とせよ。

   (2) 「1 群」と「2 群」について例 9.3 に倣い回帰分析を行え。

6. 前問で求めた 1 群のデータの回帰分析結果を説明せよ。

7. 演習問題 4 で求めた 2 群のデータの回帰分析結果を説明せよ。

8. 演習問題 5 と 6 から把握できたこと，気づいたことを記述せよ。

[参考文献]
[1] 厚生労働省「PCR 検査陽性者数」
https://www.mhlw.go.jp/content/10906000/001041569.pdf（2024.02.01）
[2] 総務省統計局「県別人口」
https://www.stat.go.jp/data/nihon/02.html（2024.02.01）
[3] 岩田暁一，木下宗七『テキストブック統計学』有斐閣ブックス，1979
[4] 大内俊三『データサイエンス指向の統計学』学術図書出版社，2020
[5] 岡本大悟，須藤秋良『すっきりわかる Python 入門』インプレス，2019
[6] Serge Lang, *Calculus of Several Variables* (Undergraduate Texts in Mathematics), Springer, 2012.
[7] Serge Lang, *Introduction to Linear Algebra*, Springer, 1986
[8] 永田靖，棟近雅彦『多変量解析法入門』サイエンス社，2001
[9] 中山幸太郎（監修），松尾豊［協力］，塚本邦尊，山田典一，大澤文孝『東京大学のデータサイエンティスト育成口座　Python で手を動かして学ぶデータ分析』マイナビ出版，2019
[10] 松原望，縄田和満，中井検裕『統計学入門』東京大学出版会，1991
[11] 森畑明昌『Python によるプログラミング入門』東京大学出版会，2019

コラム：統計学と線形代数

　本章では，単回帰分析の実行と求められた統計量の解釈に力点を置き，理論的な部分は意図的に省略した。これは，本テキストが1年次の入門的な科目を対象としていることに配慮したものである。残差の平方和を最小化するために使用した偏微分は解析学[6]で，統計量の検定については統計学[3, 10]で，分析結果のより詳細な解釈等についてはデータサイエンス[4, 8, 9]などの分野ないしは授業科目で学ぶことができるだろう。

　さらに，線形代数[7]はより多くの項目に関するデータ解析を行う多変量解析などの基礎であり，代表はデジタル社会を支える暗号理論の基礎でもある。また，プログラミング[5, 9, 11]の分野ないしは授業科目では，分析のためのプログラムがどのように作成されているかを理解し，実際に作成することができるだろう。多変量解析にとどまらずAI（人工知能）や量子コンピュータ，量子通信，量子暗号などの実社会における様々な技術は数学や物理学にその基礎をおいている。

　以上のような分野ないしは授業科目で興味のあるテーマを学べることを楽しみにしよう。

第10章　データの抽出と並べ替え

Excel はデータベース専用ソフトではないが，表を扱う点で共通性があり，データベース的な使い方が可能である。主な機能は，データの抽出と並べ替えである。日常的なところでは，顧客管理や物品管理などの場面で重宝することだろう。

10.1　Excel のデータベース的利用法

まずは，用語の整理から始めよう。

- **リスト**：データを記録した長方形領域のことである。Excel のデータベース機能は，このリストを対象とする。図 10.1 のセル範囲［A3:F15］はリストの例である。
- **レコード**：リストを構成する行のことである。すでに 12 件のレコードが登録されている。
- **フィールド**：レコードを構成する列のことである。例では，管理番号，販売日，商品名，取引先名，単価，数量の 6 つのフィールドで 1 レコードが構成されている。

なお，リストの 1 行目 A3:F3 は，フィールド名が並ぶ見出し行である。

	A	B	C	D	E	F
1			6月度　売上管理表			
2						(単位：円)
3	管理番号	販売日	商品名	取引先名	単価	数量
4	1	1	レーザープリンタ（FRPPQ-122）	佐川興行通信社	48,000	2
5	2	3	ノートPC（LNBS-298）	佐川興行通信社	38,000	6
6	3	7	ネットワークプリンタ（NLP-58）	加山通商	57,000	3
7	4	10	タブレット（FUAB-52348）	真壁こども病院	35,000	5
8	5	12	タブレット（NTAB-00213）	有田美容クリニック	48,000	4
9	6	15	デスクトップPC（LNBSW-82）	奈波ビジネスホテル	86,000	3
10	7	17	カラーコピー機（SNY-342）	羽柴産業本社	48,000	6
11	8	20	タブレット（FUAB-52348）	真壁こども病院	35,000	6
12	9	22	タブレット（NTAB-00213）	佐川興行通信社	48,000	5
13	10	24	レーザープリンタ（NNSRQ-372）	詫間フィットネスクラブ	52,000	2
14	11	25	カラーコピー機（SNY-342）	加山通商	48,000	3
15	12	28	タブレット（FUAB-52348）	真壁こども病院	35,000	5

図 10.1　リストの例

10.2　データの抽出

検索条件を指定し，リストの中から必要なレコードを取り出すことを**抽出**という。Excel では，フィルター機能を利用して，抽出処理を対話的に進めることができる。

［例題 10.1］ 図 10.1 のリストから，単価が 40,000 円以上のレコードを抽出してみよう。

（操作 1）オートフィルターの起動

- セル範囲［A3:F15］をドラッグする（リストが認識される）。

- [データ]メニューから[並べ替えとフィルター]グループの[フィルター]をクリックすると、各見出しにプルダウンボタンが表示される。これを[オートフィルター]ボタンという。
- [オートフィルター]ボタンを消したいときは、再度[フィルター]をクリックする。

（操作2）数値フィルターによる抽出

① [単価]フィールドの[オートフィルター]ボタンをクリックすると、[オートフィルター]リストボックスが表示されるので、[数値フィルター]をクリックする。

② サブメニューが開くので、[指定の値以上]をクリックする。

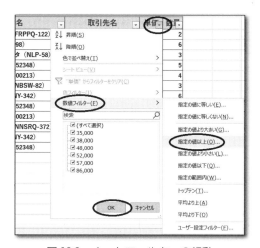

図 10.2　オートフィルターの起動

③ [カスタムオートフィルター]ダイアログボックスが表示されるので、[単価]ボックスに「以上」と「40000」を選択し、[AND]を確認し、[OK]をクリックする。

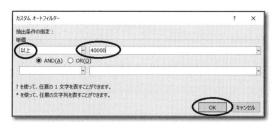

図 10.3　数値フィルターの抽出条件の指定

④ 抽出条件「40000 以上」に合致したレコードだけが表示される。[単価]見出しの[オートフィルター]ボタンにロートのマークが付き、表示されている行番号の数字は青色になる。また、ステータスバーには、「12 レコード中 8 個が見つかりました」と表示される。

⑤ リストの表示を元に戻すには、[単価]フィールドの[オートフィルター]リストボックスの[すべて選択]にチェックを入れ[OK]をクリックする。

図 10.4　数値フィルターによる抽出結果

【注意】図 10.4 のリストに，さらに別の抽出条件を指定できる。これを**絞り込み**という。

[**例題 10.2**] 図 10.1 のリストから，商品名に「プリンタ」の付くレコードを抽出してみよう。

（操作）テキストフィルターによる抽出

①　[商品名] フィールドの [オートフィルター] ボタンをクリックすると，[オートフィルター] リストボックスが表示されるので，[テキストフィルター] をクリックする。

②　サブメニューが開くので，[指定の値に等しい] をクリックする。

③　[カスタムオートフィルター] ダイアログボックスが表示されるので，[商品名] のところに「と等しい」と検索文字列「＊プリンタ＊」を入力し，[AND] を確認して [OK] をクリックする。「＊」は半角の記号を入力すること。

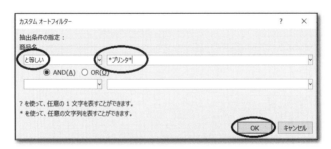

図 10.5　テキストフィルターの抽出条件の指定

⑥　[商品名] に「プリンタ」の付くレコードが表示される。[商品名] 見出しの [オートフィルター] ボタンにロートのマークが付き，表示されている行番号の数字は青色になる。また，ステータスバーには，「12 レコード中 3 個が見つかりました」と表示される。

⑦　確認が済んだら，すべて表示の状態に戻す。

図 10.6　テキストフィルターによる抽出結果

【注意】検索文字列を構成する際，「?」は任意の文字を表し，「＊」は任意の文字列を表している。このように特別の意味で使われる文字を**ワイルドカード**という。＾（チルダ）もワイルドカードで，これを?，＊，＾の前に入力すればそれらを通常の文字として認識できる。

10.3　データの並べ替え

リスト上のレコードの順番を一定の基準，たとえば文字コードや数量の大小などで並べ替えることができる。並べ替えの基準となるフィールドのことを**キー**（key）といい，そのうち最も優先されるキーを**1 次キー**，2 番目に優先されるキーを**2 次キー**，以下同様に 3 次キー，4 次キー，……と呼ぶ。また，レコードをキーの小さい順に並べ替える場合を**昇順**または**正順**，キーの大きい順に並べ替えることを**降順**または**逆順**という。

[**例題 10.3**] 図 10.1 のリストを，単価を 1 次キーで降順，管理番号を 2 次キーで昇順として並べ替えてみよう。

（操作 1）セル範囲の指定

① セル範囲［A3:F15］をドラッグし，リストを指定する。

② ［オートフィルター］ボタンが表示されている場合は，フィルターを解除する。

（操作 2）キーの指定

① ［データ］メニューから［並べ替えとフィルター］グループの［並べ替え］をクリックする。

② ［並べ替え］ダイアログボックスが表示されるので，1 次キーを次のように指定し，［OK］をクリックする。

➢ 最優先されるキー：単価

➢ 並べ替えのキー：セルの値

➢ 順序：大きい順

図 10.7　並べ替えのための 1 次キーの指定

③ [単価] フィールドを 1 次キーとして並べ替えられている。

④ 再度，[データ] メニューから [並べ替え] をクリックすると，図 10.7 の [並べ替え] ダイアログボックスが表示されるので，[レベルの追加] をクリックする。

⑤ 2 次キー用指定欄が追加されるので，[次に優先されるキー] に「管理番号」，[並べ替えのキー] に「セルの値」，[順序] を「小さい順」に指定し，[OK] をクリックする。

図 10.8　並べ替えのための 2 次キーの指定

⑥ 2 次キーで，同じ単価の場合はさらに管理番号の小さい順に並べ替えられている。

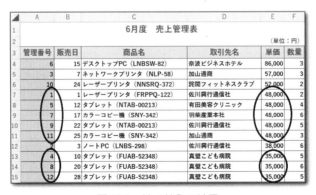

図 10.9　並べ替えの結果

⑦ リストの範囲指定が解除されていたら，再度領域指定をする。

⑧ 元の並びに戻すには，[次に優先されるキー] を [レベルの削除] で削除し，[最優先されるキー] に「管理番号」，[並べ替えのキー] に「値」，[順序] を「小さい順」に指定する。

【注意】［オートフィルター］リストボックス内の［昇順］や［降順］では，多重キーの指定ができないので，混乱を避けるためにはフィルターを解除した状態で行うのがよい。

【演習問題】

1. 図10.1のリストに対して，次の処理を実行せよ。
   (1) 単価が50,000円以下の条件を満たすレコードを抽出せよ。
   (2) 単価が40,000円以上かつ50,000円未満の条件を満たすレコードを抽出せよ。
   (3) 真壁こども病院からの注文で6月15日以降のレコードを抽出せよ。
   (4) コピー機の商品のレコードを除き，さらに数量に関して並べ替えたレコードのリストを作成せよ。また，そのリストに関して総売上高を求めよ。

2. 図10.10のリストに対して，次の処理を実行せよ。
   (1) 単価が160,000円以上の商品のリストを作成せよ。
   (2) 単価が150,000円以上かつ200,000円未満の商品のリストを作成せよ。
   (3) 佐々木旅館からの注文で10月15日以降の商品のリストを作成せよ。
   (4) 顧客名に「田」の字の付くレコードからなるリストを作成せよ。
   (5) HDD内蔵とブルーレイ内蔵の商品を除き，さらに数量に関して降順に並び替えたリストを作成せよ。また，そのリストに関して総売上高を求めよ。

伝票番号	日付	商品名	単価	顧客名	数量
		10月度 売上表			
					(単位：円)
1	2023/10/1	8KHDD内蔵量子ドットテレビ	170,000	田熊産業社員寮	3
2	2023/10/1	8KHDD内蔵液晶テレビ	220,000	浜野工業本社	5
3	2023/10/3	8Kブルーレイ内蔵テレビ	160,000	佐々木旅館	7
4	2023/10/5	4KHDD内蔵液晶テレビ	140,000	夏野ビジネスホテル	6
5	2023/10/7	8KLEDバックライト液晶テレビ	210,000	間山産婦人科医院	8
6	2023/10/10	8KLEDバックライト液晶テレビ	210,000	間山産婦人科医院	4
7	2023/10/12	8KHDD内蔵液晶テレビ	220,000	金井内科胃腸科病院	6
8	2023/10/12	8K量子ドットテレビ	180,000	金井内科胃腸科病院	2
9	2023/10/15	4K液晶テレビ	150,000	佐々木旅館	4
10	2023/10/21	4K液晶テレビ	100,000	佐々木旅館	6
11	2023/10/25	4K液晶テレビ	100,000	間山産婦人科医院	8
12	2023/10/28	8K液晶テレビ	150,000	相田不動産	7

図10.10　10月度売上表

3. 図10.11のリストに対し，次の処理を実行せよ。
   (1) 売上高が30,000円以上の伝票を抽出せよ。
   (2) 日付が1月20日以降で，売上高が25,000以上の伝票を抽出せよ。
   (3) 1次キーを売上高で降順，2次キーを商品コードで昇順にして並べ替えよ。

(4) Lookup 関数は，「=LOOKUP（検査値, 検査範囲, 対応範囲）」の形式で使用し，検査値に指定された値以下で最大の値を検査範囲から探し，対応範囲の中の並び順がその値になるセルの内容を答えとして出力するものである。さて，図 10.11 で，セル A15 に 3 が入っており，F15 セルには式「=LOOKUP（A15,A3:A12,F3:F12）」が入力され，20000 が結果として表示されている。これをヒントに，セル A15 に好きな伝票番号を入力すれば，表を見ずして，その伝票の日付, 商品コード, …, 担当者コードを即座に応えてくれる仕組みを領域 B14:G15 に実現せよ。ただし，「日付」欄では，セルの書式設定が必要。

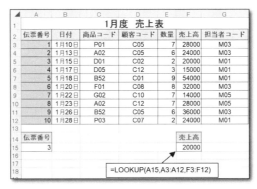

図 10.11　1 月度 売上表

【参考文献】
　師啓二（他）『現代の情報科学』学文社，2010
　師啓二（他）『これからの情報科学』学文社，2018

コラム：データファイルとデータベース

　今後の学修のヒントとして，PC用データベースソフトのAccessを挙げておこう。

　Excelでは，データを表の形で記録し，Excelブックすなわちデータファイルとして保存する。そのとき表には見出しも付けておくのが常識である。帳票としてそのまま活用するためでもあり，見出しがなければ同じ数値でも長さか個数か年度か区別できなくなるからである。

　一方，大量のデータを検索・更新しやすいようディスクに保存したのがデータベース（database）である。また，その作成・管理ソフトウェアをデータベース管理システム（**DBMS**：DataBase Management System）という。データベースソフトといえばこのDBMSのことを指す。PC上で動くデータベースソフトとしてMicrosoft365のAccessが有名である。

　さて，AccessのデータベースとExcelブックとの違いは何であろうか。答えは，データベースには**スキーマ**（schema）が付属するが，Excelブックにはそれがない点である。スキーマとは，表の構造を記録した一種の辞書のようなものである。DBMSはこのスキーマを手掛かりにデータベースにアクセスする。大量の表を扱うので，表ごとに見出しを付けていてはかえって冗長になるからである。したがって，データベースシステムといえば，DBMSとスキーマとデータベースの3つ組みのことである。ただし，Accessのデータベースは，PC向きにスキーマを取り込んだ1個のデータファイルになっている。

第11章　レポート・論文のまとめ方

レポート（report：リポートともいう）とは，一般には報告あるいは報道という意味である。しかしここでは，より具体的に報告書ないしは学術研究報告書を指すものとする。つまり，ある事物について調査・研究をした結果をまとめた報告文のことである。

一方，**論文**とは，レポートとは一線を画し，自身の関わる学術研究の業績や成果を書き記したものとしておこう。例として，懸賞論文，卒業論文，学位論文などがこれに該当する。

本章では，これらのうち，レポートを簡易的な形式で効率的に作成する場合として，また卒業論文を冊子形式でまとめる場合として，それぞれの手順を整理している。

11.1　三段構成法とファイブパラグラフエッセイ

レポート・論文系文書で重要なのは論理性である。したがって，文書の構成は「序論・本論・結論」からなる三段構成法が基本となる。以下では，その代表例で，速報性を重視した簡易的なレポートの形式として知られる**ファイブパラグラフエッセイ**を取り上げる（Strunk & White , 2000）。

パラグラフは通常は段落を意味するが，ここではレポートを構成する基本単位（セクション）のことと捉え，またエッセイはレポートを含む文書全体を指すものとする。結果，全体を5つのセクションで構成するのがファイブパラグラフエッセイということになる（図11.1）。

図 11.1の（1）　ファイブパラグラフエッセイの見出し構成

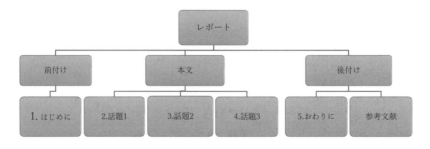

図11.1の（2）　ファイブパラグラフエッセイの文書構造

つまるところ，「1. はじめに」が序論で，2., 3., 4. のセクションで3つの話題を扱って本論となし，最後に「5. おわりに」で結論付けるということである。ただし，論文系文書の通例にしたがい，【参考文献】も付け足すことを忘れずにおこう。

【注意】 結論はどこで述べるか

　「序論・本論・結論」という言い方をそのまま受け取ってしまうと，最後の「おわりに」になってようやく結論が述べられる形と思われがちであるが，実質的な主旨としての結論は最初の「はじめに」のところで早速に述べられ，その裏付けとなる話題を3つ本論の部分で紹介し，最後の「おわりに」で再度確認するという形が標準である。

【注意】 参考文献の重要性

　レポート・論文では，アイデアの源泉はどこにあるかが重要である。自分にあるのか，他の人からのサジェスチョンなのかを区別しなければならない。つまり，参考文献の一覧表を巻末に付ける理由は，どのような先行研究があり，今回の自分の主張はそれらとどう違うかを示す必要があるからである。それは，他の人の著作権を侵害しないためでもある。また，主張はデータに基づく科学的・客観的なものである点も重要で，他の人がそれを検証するための出典を提供する場でもある。

11.2　レポートの作業手順

　一般に，レポートの作業手順は，「テーマとタイトルの決定」→「資料の収集・整理」→「全体デザイン」→「文章の組み立て」→「入力・編集」となる。

(1) テーマとタイトルの決定：課題として提示される場合もあれば，自分で自由に設定できる場合もある。この2つが決定すれば，そのままレポートのメタ情報となる。

(2) 資料の収集・整理：新聞・雑誌・書籍やインターネットが対象となる。実験や観察のデータも対象となる。重要な点としては，信頼性のある情報をいかに入手するかであるが，複数の資料やサイトに当たって比較検討する必要があるだろう。

(3) 全体デザイン：まず，レポートの「1. はじめに」で書く3つ (対象分野の状況，そのどこに焦点を当て，何を報告するか) を決め，そして本論で扱う話題の3つと，それぞれをどう詳細化するかを決める。ポイントは，3つ組の入れ子構造である。

(4) 文章の組み立て：小さな文章を徐々に大きな段落へと組み上げていく。この作業は，書き溜めた文章を組み合わせていくので**ボトムアップ**作業といってよい。

(5) 入力・編集：「デジタル文書＝構造＋スタイル」という図式で捉えると，作業を効率的に進められる。つまり，資料の構造 (表題と章・節・小節の見出し) を決める作業と，スタイルすなわち見栄えの設定とをはっきり区別して進めるのがよい。この部分は，全体を見ながら下へ下へと各部分を整えていく作業なので**トップダウン**作業といえる。

【注意】 テーマとは，レポートの目的あるいは何を伝えたいかということであって，短文で説明するものである。これに対しタイトルとは，レポートの表題または題目そのものである。

［例題 11.1］ 図 11.2 の (1)，(2) は,「遠隔授業について」というタイトルのレポートの実例である。まず，次を確認せよ。

(1) テーマとタイトルの決定：テーマは「コロナ禍での経験に基づいて，遠隔授業とは何かを整理すること」。タイトルは「遠隔授業について」である。

(2) 資料の収集・整理：遠隔授業の定義，メリットとデメリットの情報を調べている。

(3) 全体デザイン：まず「1. はじめに」で，コロナ禍の現状と自身の興味，それに報告事項を整理している。また，本論で扱う３つの話題として「遠隔授業のタイプ」,「教材のタイプ」,「今後の課題」を決定している。

遠隔授業について

12340003　教育　太郎

1. はじめに

2020 年 3 月からの 3 年間、新型コロナウイルスの蔓延に対応して、行政や企業にはテレワークが、教育機関には遠隔授業が奨励され、本格的ネット社会の到来をも予感させる状況となった。そこで、その経験を踏まえ、遠隔授業の方法について整理してみると、複数のタイプに分けられることと、4 つの課題があることが分かった。以下では、まず遠隔授業と教材のタイプをそれぞれ分類整理し、次に今後の課題をまとめている。

2. 遠隔授業のタイプ

遠隔授業とは、教師と学生が離れた場所に居て行う授業で、次の 3 条件を満たすものと規定されている[1]。

・ 毎回の授業で設問解答による指導があること
・ 学生の意見交換の機会が確保されていること
・ 面接授業に相当する教育的な効果があること

これを実現する授業形態としては、基本的に次の 3 つがある。1 つは、課題学習型と呼ばれ、講義資料に基づく自宅での学習のことである。2 つは、オンデマンド型と呼ばれ、授業を録画した動画等の配信のことである。3 つは、ライブ型と呼ばれ、配信される授業への同時参加のことである。実際の教育現場では、これら 3 つをいろいろに組み合わせて実施することになる。

なお、教材を提供するのに、郵便、ラジオ、テレビ等を利用するのが通信教育、ここにインターネットを加えたのが遠隔教育である。したがって、遠隔教育は通信教育を含む概念で、そのための授業形態が遠隔授業である。しかし、われわれが今回経験した形態は、当初からインターネットの利用を前提としており、狭義の遠隔授業といえる。また、e ラーニングとの区別も分かりにくいところであるが、e ラーニングでは教師の存在を必ずしも想定しない。

3. 教材のタイプ

遠隔授業で配信される教材は、大きく 3 つに分類される[2]。1 つは、デジタル教材と呼ばれ、視聴コンテンツ（PDF、静止画、アニメーションや動画など）と、実行して動かすアプリに大別される。2 つは、Web 教材と呼ばれるもので、Web ページの形で教材が提供されるタイプである。リンクをたどり、世界中のサイトを教材として閲覧できるというメリットがある。3 つは、e スポーツと呼ばれるもので、ビデオゲームでの対戦をスポーツ競技と捉え、学習に活かそうというアイデアである。シューティング、ロールプレイング、課題解決、パズルなど多種多様な形態がある。

4. 今後の課題

現在の日本では、一斉休講の代替手段として急浮上した遠隔授業でもあるため、課題はまだまだ山積している[3]。それらを整理すると次の 4 つに分けられる。

1 つは、合理的配慮である。多様な学生がおり、教育の機会均等のために調整が常に必要である。2 つは、教員の負担である。教材開発に費やす時間と労力を軽減するための支援体制が不可欠である。3 つは、教育評価の難しさである。接続時間やドリルの点数だけでは測れない努力度や能力もある。そして 4 つ目は、セキュリティである。大量の個人情報、学習支援システムの脆弱性など、教育分野に特有の問題を洗い出し、改善することが肝要である。

5. おわりに

コロナ禍での経験も踏まえ、遠隔授業の方法について整理した。遠隔授業は、今後も多方面で導入が進むことが見込まれる。しかし、未解決な課題も多くあることが分かった。教育研究の今後に期待したい。

図 11.2 の (1) 「遠隔授業について」の第 1 〜第 5 セクション

【参考文献】

[1] 大学設置基準第 25 条第 2 項：「大学設置基準 ｜ e-Gov 法令検索」
https://elaws.e-gov.go.jp/document?lawid=331M50000080028 （2023 年 2 月 2 日閲覧）
[2] オンデマンド型授業 ｜ Teaching Online ｜ CONNECT
https://www.highedu.kyoto-u.ac.jp/connect/teachingonline/pattern03.html （2023 年 2 月 2 日閲覧）
[3] 【ガイドブック】R3_遠隔教育システムの効果的な活用に関する実証（web）
https://www.mext.go.jp/content/20210601-mxt_jogai01-000010043_002.pdf （2023 年 2 月 2 日閲覧）

以上

図 11.2 の（2）「遠隔授業について」の参考文献セクション

さて，レポートの全体構成が決まったら，いよいよ実際の「文章の組み立て」と「入力・編集」
の段階に入る。これらの作業については，以下の操作手順にしたがってレポートを実際に完成
することを体験しながら確認してほしい。

[例題 11.2] 文章の組み立てと入力・編集

（操作 1）下書きモードでのテキストの入力

Word を起動し，[下書き] モードにしてから，1 行目にタイトル，2 行目に著者名を入力する。
これで，当該文書のメタ情報が入力されたので，名前を付けてファイルを保存する。

（操作 2）文書構造とスタイルの設定

① 1 行目のタイトル段落は [表題] スタイルを設定し，2 行目の著者名は [標準] スタイルで
中央寄せとする。

②「1. はじめに」は，まず「はじめに」と入力し，[見出し 1] スタイルを設定してから，[段
落番号] を設定する。番号は自動的に 1 となる。

③「2. 遠隔授業のタイプ」も，まず「遠隔授業のタイプ」と入力し，[見出し 1] スタイルを
設定してから，[段落番号] を設定する。番号は自動的に 2 となる。以下，見出し行は，「5. お
わりに」および「【参考文献】」まで，すべて同様の設定をする。

【注意】

- 文書の設定に関しては，ここで述べた以外にも，ページ設定，目次の作成，表と図の挿入
といったワープロの使いこなしに関わる事項も多いので，確認しておくことはそれなりに大
切である。第 2 章の内容も復習しておくとよいだろう。

- Word をはじめ Microsoft365 の各アプリでは，日本語フォントのデフォルトが「游明朝」
になっている。このままで 1 ページの行数を増やそうとすると，行間が大きく開いてしまっ
て 1 ページの行数をうまく設定できなくなる場合がある。そのようなときは，ページ全体に
亘ってフォントを旧型の MS 明朝などに戻すか，あるいは [段落] ダイアログボックスで，「1
ページの行数を指定時に文字を行グリッド線に合わせる」のチェックをはずすとよい。

11.3 Word と Excel の連携

　レポートの作成に際しては，他のデジタル文書と同様に，ビジュアル化を適宜施すのも効果的でよい。たとえば，［挿入］タブから，表，画像，図形要素，アイコン，3D モデル，SmartArt，グラフなどを指定できる。このうち，表とグラフについては，Excel で作成したものをコピー＆ペーストするのが便利である。

　図 11.3 は，Excel でデータ分析を行った結果をレポートとして報告する際の Word 文書の基本構成例である。

```
1. はじめに
2. データと処理の概要
3. Excelの出力結果
4. 分析結果（評価と解釈）
5. おわりに
【参考文献】
【付録】
```

図 11.3　データ分析のレポート例

　各セクションの内容としては次のようなものを掲載すればよい。「1. はじめに」と「5. おわりに」は通常通りである。

(1)　「1. はじめに」セクション

　　どういう背景から何を知りたいと考え，分析の結果何が分かったかを述べる。また，セクションの構成を簡潔にアナウンスする。

(2)　「2. データと処理の概要」セクション

　　処理対象であるデータの説明を行う。データの一覧表（データ表という）は，Excel からここにコピー＆ペーストしてもよいが，データ数が多く，表も大きくなる場合は，巻末の【付録】のほうに掲載してもよい。また，そのデータに対して，どのような主旨でどのような処理を施したかの概要を説明する。

(3)　「3. Excel の出力結果」セクション

　　Excelが出力したグラフをコピー＆ペーストする。ただし，これはExcelの出力結果であって，人間による分析結果ではない。Excel の出力結果は，人間が指定した処理手順にしたがって機械的に処理され出力された結果である。

(4)　「4. 分析結果（評価と解釈）」セクション

　　人間は，Excel の出力結果に対し，客観的な評価とその評価結果に対する解釈を行う。その際，評価は誰が行っても同じ結果となるはずのものであるが，解釈はする人によって異なる。その全体を分析結果といっている。

(5) 「5. おわりに」セクション

　　何をどう処理し，その結果何が分かったかを記す。また，今回の分析では扱えなかった
　　ことや，次への課題を述べる。必要に応じて謝辞も述べる。

11.4　論文の基本構造

　所属する分野や組織によって論文の書式は異なる。ここでは標準的と思われるものを例示し
ているので，まずは例題の書式で実習し，仕組みが理解出来てから，個々の書式にしたがうよ
うにするとよい。なお，今回の例は卒業論文を冊子形式で作成する場合である。

　さて，論文の構造は，図11.4のような木構造で表すことができる。このうち「前付け」は，
表紙から目次までの部分で，ページ番号をローマ数字の小文字で付ける部分のことである。一方，
第1章から後ろの部分がいわゆる「本文」で，ページ番号はアラビア数字で記載する。そして
最後部が，「おわりに」，「参考文献」，「付録」からなる「後付け」である。ページ番号は本文か
ら継続させることも多いが，後付けを独立させることもある。

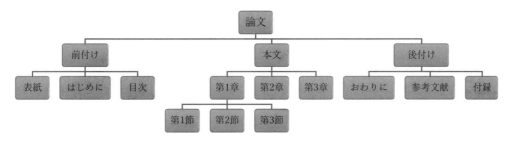

図 11.4　文書の構造（論文の場合）

　ところで，レポートの場合と同様，執筆に際して重要なのは論理性であるから，「序論－本論
－結論」を入れ子にして全体を構成する「三段構成法」に徹することが肝要である。逆にいえば，
論文のどの部分をとってもこの三段構成になっているように作るのがコツである。もちろん，章
や節や小節の個数も3でなければならないという決まりはないが，トピック（話題）やアイデア
を出そうというときに，3という数は一つの目安になることはすでに述べた通りである。

11.5　論文の全体構成

　章や節などの要素をどのように組んで全体を構成したらよいかを考えてみよう。

11.5.1　三段構成法

[**例題 11.3**] 論文の全体構成を練る

(操作) **目次のプロトタイプを作る。**

① どんなトピックをどんな順序で並べていくかという計画の段階では，まず三段構成法にしたがって，表 11.1 のようなイメージのもの (ページ番号が入れば目次そのものと考えて差し支えない：目次のプロトタイプと呼ぼう) を作成する。

② 各トピックの中身 (コンテンツ) については，収集・処理・分析した結果を，執筆者がどれだけ掘り下げて文章化できるかにかかっている。

表 11.1　論文の全体構成 (見出し語とそのスタイル)

章/節/小節番号と見出し語	見出し段落のスタイル設定
表紙 (表題、副題、著者名等)	表題は[表題]スタイル 副題は[副題]スタイル
はじめに	[見出し1]スタイル
目　次	[見出し1]スタイル
第1章　情報科学の立場から	[見出し1]スタイル
1.1　ネットワーク分野について	[見出し2]スタイル
1.1.1　データベースとの関連	[見出し3]スタイル
・・・・・・	
第2章　情報と法の立場から	[見出し1]スタイル
第3章　メディア教育の立場から	[見出し1]スタイル
おわりに	[見出し1]スタイル
参考文献	[見出し1]スタイル
付録　　(なくてもよい項目)	[見出し1]スタイル

【**注意**】「見出し段落のスタイル設定」の情報は，目次を自動生成するときに利用される。詳細は，11.6.3 節を参照のこと。

11.5.2　ページ設定

[**例題 11.4**] ページの文字数と行数の決定

(操作) **ページ設定**

① 設定内容を確認するには，[ページレイアウト] タブから [ページ設定] グループの右下角の小さな矢印をクリックする。

② [ページ設定] ダイアログボックスが開くので，[文字数と行数] タブで設定する。今回は，Word の初期設定のままとする。(文字数：40 字，行数：36 行)

③ [余白] タブで，上下左右の余白の幅を設定する。(上 35mm，右下左：30mm)

④ 必要に応じて，ヘッダー・フッターの書式を設定する。

11.6 各ページの作り方

全体構成も決まり，各章，各節内の文章も揃ってきたら，いよいよ作成段階に入る。

11.6.1 表紙の作り方

表紙は，年度，論文のカテゴリ，表題，副題，所属，著者名が入る論文のトップページのことである。ページ番号は入れないが，値としては，ローマ数字小文字で「i」を持っている。論文の顔となる部分なので，レイアウトをしっかり確認すること。

表紙だけ別ファイルにする場合もあるが，今回は，全部を1つのファイルで作るので，表紙は，第1ページに入力する。図11.5は，表紙の出来上がりイメージである。要点は，

- すべて「MS ゴシック」で，大きなフォントサイズを使うこと
- 行間の幅ではなく，空行の数（何行空けるか）で上下方向のレイアウトを調節すること

図 11.5　表紙のレイアウト

- 年度と論文カテゴリ，所属と著者名が，それぞれ「均等割り付け」で幅を揃えていることの3点である。

[例題 11.5] 段落の入力とスタイル設定
(操作) 段落の入力とスタイル設定

① 図 11.5 の場合のフォントサイズをいうと，年度と論文カテゴリが 18p，表題が 24p，所属が 18p，氏名が 20p である。

② 表紙の行の構成は，上から，空行×3，年度，論文カテゴリ，表題，空行×15，所属，氏名と段落を入力してきて，「氏名」の次の行では，［挿入］タブから，［ページ］グループの［ページ区切り］をクリックして，空行を入力せずに，直接次のページへ飛ぶようにしている。

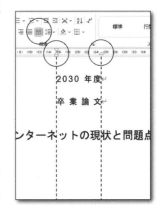

[例題 11.6] 均等割り付けで年度や所属，氏名等の両端揃え
(操作) 均等割り付けにより，上下2行の文字列の両端を揃える。

① 年度の段落の左端と右端をルーラーの左右インデントマーカをスライドさせて決定する。

② 年度の段落を選択後，［ホーム］タブから［段落］グループの［均等割り付け］をクリックする。すると，まず，第1行目の文字列が均等割り付けされる。

図 11.6　均等割り付け

③ 論文カテゴリの左右のインデントマーカを，1行目の段落の左右のインデントマーカに合わせる。

④ 論文カテゴリの段落を選択後，［ホーム］タブから［段落］グループの［均等割り付け］をクリックする。すると，第2行目の文字列も同じように均等割り付けされる。

11.6.2 「はじめに」のページの作り方

「はじめに」のページは，論文の概要を記したページである。書籍の場合と同様に，この論文を書いた経緯，結論，留意事項などを記す。実際の構成法としては，三段構成 +1 となる。

(1) 三段構成

① まず，話の導入として，当該分野の現状等を述べる。

② 現状を受けて，筆者はどこに注目し，何をテーマにしたかを述べる。

③ 当論文で今回報告しているのは何かを述べる。

(2) 論文の章立てを紹介する。

[**例題 11.7**]「はじめに」のページを作る。

(**操作**)「はじめに」のページ設定

① 1行目の「はじめに」をクリックし，［ホーム］タブの［スタイル］グループの［見出し1］をクリックする。行頭に小さい黒四角が付き，見出しスタイルが設定されたことがわかる。

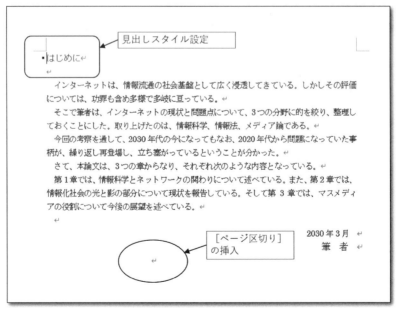

図 11.7 「はじめに」の入力

② 最後尾の「筆者」は［MS ゴシック］で，12ポイント，年月と「筆者」の段落は右揃えとし，右端に1文字入れる。

③ 最終行では，表紙と同じく，「ページ区切り」を挿入する。

11.6.3　目次のページの作り方

目次は，論文のページ構成を一覧表で示すところである。デジタル文書では，各ページへのアンカーの役割を果たす。

論文の全体構成ができて，いくつかの章や節が埋まってくるまでは，空のままでよい。

図 11.8　「目次」のページの入力

さて，中身が増えてきたら，全体構成を確認するために，目次を作成することは重要である。ただあくまでも Word に自動生成させ，自分で入力しない。その要領は，次の通りである。

［例題 11.8］ 目次の挿入

（操作 1）目次に含める見出しのスタイル設定

① 目次に含めたい見出しは，「1. はじめに」～「5. おわりに」および「【参考文献】」である。

② これらへの［見出し 1］スタイルの設定は，既に例題 11.7 で述べているので省略する。

（操作 2）目次の挿入

① 目次を挿入したい箇所をクリックする。ここでは，［目次］見出しの1行空けて次の行に，［標準］スタイルの段落を1行挿入し，その行頭をクリックしておく。

② ［参考資料］タブの［目次］グループから［目次］をクリックし，［目次の挿入］をクリックする。

③ ［目次］ダイアログボックスが開くので，［目次］タブを開く。

④ ［タブリーダー］ボックスから，見出しとページ番号を結ぶ線種を選ぶ。

⑤ ［印刷イメージ］ボックスを確認すると，目次に通常は含めない［表題］と［副題］が入っているので，［オプション］をクリックする。

⑥ ［目次オプション］ダイアログボックスが開くので，［スタイルの一覧］と［目次レベル］の両ボックスを見比べながら，チェックの付いている［表題］スタイルと［副題］スタイ

ルの［目次レベル］の数値を［Delete］キーで削除して空欄にし，チェックをはずし，［OK］をクリックする。

⑦ ［目次］ダイアログボックスに戻ると，［印刷イメージ］には［見出し1］〜［見出し3］だけが載っているので，［OK］をクリックする。

⑧ 目次が指定した箇所に自動挿入される。

（操作3）目次の更新

① 目次の更新は，次の手順で行う。

➢ 目次の上で右クリックし，［フィールド更新］をクリックする。

➢ ［目次の更新］ダイアログボックスが開くので，［目次をすべて更新する］オプションを選択し，［OK］をクリックする。

➢ これで最新の目次に更新される。

② 必要に応じて，目次の表示領域の幅を，左と右のインデントマーカで調節する。

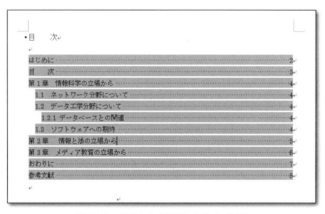

図11.9 「目次」が挿入された状態

【注意】 ここまでで，論文の「前付け」の部分，すなわち，表紙，はじめに，目次の3項組が示された。この3つが「前付け」の標準要素であるが，場合によって次のようなものを挿入することもある。

- 要旨：「はじめに」とは異なり，論文の核心のみを記述した短い文章。当該論文が，データベースに登録され，検索対象となった場合に，検索結果として閲覧に供される文章である。著者名の次に入れることが多い。

- キーワード：当該論文を検索する際の検索語として登録したい用語をいくつか選び出し，並べて置くこともある。要旨の次に並べる。

- 研究の目的と方法：特徴的な研究手法を採用しているような場合にその趣旨を説明する場として，目次の後ろに載せる場合もある。

11.6.4 「本文」の構成法

　本文は，3つの章で構成するのが標準である。ただしこれは強制ではない。章立ては多くても少なくても構わない。各章とも，序論－本論－結論を入れ子にして，節，小節を組み込んでいく。3つの章を立てるとは，対象について話題を3つ取り上げるということで，中身は著者本人のアイデア次第ということになる。

　「本論」の各ページについては，見出しの付け方や，段落の付け方などで，特に変わったところはない。繰り返しになるが，どの部分をとっても，「序論－本論－結論」の三段構成が見えるようにすること。章も節も小節も段落も，どのセクションも，「これから何を書く→本論を書く→こういうことを書いた」の繰り返しである。この論理の積み重ねにより，全体が堅ろうな建築物さながらの，がっちりとした論文が出来上がる。

11.6.5 「おわりに」のページの作り方

　ここからいよいよ「後付け」の部分に入る。その先頭が「おわりに」のページである。

　テレビ番組の最初に司会者が出てきて，今日の番組について紹介を始める。これがいわば「はじめに」であるとすれば，番組の終了時点で再登場して語る「おさらい」と次回の案内が「おわりに」である。

　「はじめに」で，当論文で何を書くかをアナウンスしたのだから，「おわりに」では「何を書いたか」を繰り返せばよい。そのなかから，特に重要な結論や気付いたことをコメントとして付け加え，また何が今回達成されなかったかを次回への課題として述べればよい。

　「おわりに」の最後に，資料の入手で特に世話になった人や機関，論文執筆でアドバイスをしてくれた人などへの「謝辞」を書いてもよい。「謝辞」のページを独立させる場合もある。

11.6.6 参考文献のページの書き方

　分野や組織によって，この書式もさまざまである。標準的と思われるものを載せておく。

　実際の場面では，過去に提出された論文，直近の募集要項，指導者の指示書などを参考にすること。

　当然のことながら，このことは参考文献のページに限らない。論文の様式全体にわたって注意すべきことである。

【参考文献】

[1] 林雄二郎「情報化社会―ハードな社会からソフトな社会へ」講談社現代新書 187,講談社
 (1969).
[2] 石田晴久「コンピュータ・ネットワーク」岩波新書,岩波書店(1991).
[3] 村井純「インターネット」岩波新書,岩波書店(1995).
[4] 村山優子「ネットワーク概論」サイエンス社(1997).
[5] M.Stefik, "The Internet Edge",MIT Press(1999).
[6] 名和小太郎「情報の私有・共有・公有 ユーザーから見た著作権」叢書コムニス 03,NTT
 出版(2006).
[7] 尾木直樹「「ケータイ時代」を生きるきみへ」岩波ジュニア新書 617,岩波書店(2009)
[8] 小林弘人「新世紀メディア論―新聞・雑誌が死ぬ前に」バジリコ(2009).

図 11.10 参考文献ページのイメージ

[例題 11.9] 新しい番号書式 [1] を設定する。

Word では,[1],[2],…の形式の番号書式は組み込まれていないので,設定が必要である。

(操作)新しい番号書式の設定

① 段落番号を表示させたい段落の行頭をクリックする。

② [ホーム]タブの[段落]グループから[段落番号]の右の
下向き▼をクリックする。

③ [新しい番号書式の定義]をクリックし,[新しい番号書式の
定義]を開く。

④ [番号の種類]ボックスで,[1,2,3,…]と単純な番号だけのリ
ストを選ぶ。

⑤ [番号書式]ボックスにグレーの網かけの数字が入っている
ので,それを両側から半角の[と]で挟み,[OK]をクリッ
クする。

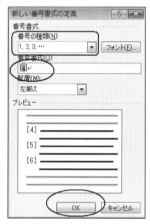

図 11.11 [新しい番号書式の
提示]ダイアログボックス

⑥ これで,[1],[2],[3],…という書式の段落番号が付く。

⑦ もし,番号の初期値が1から始まっていないときは,段落番号上で右クリックし,[段落番
号]をポイントし,[番号の設定]をクリックする。

⑧ [番号の設定]ダイアログボックスで,開始番号を設定することができるので,変更し[OK]
をクリックする。

文献の標記の仕方を以下に整理しておく。分野によって内容,順序,形式は多少異なり,あ
くまで一般的なものである。なお,Web ページの場合は,第1章を参照のこと。

• 書籍の場合:著者名(著),「本のタイトル―サブタイトル―」新書名・文庫名・シリーズ名等,

番号，出版社名，出版年．

なお，編集の場合は「(編)」，監修の場合は「(監)」，翻訳の場合は「(訳)」とする。

引用個所が特定できる場合は，タイトルの次に，pp.12-24，のように追加して書く。

- 新聞記事の場合：新聞名，掲載年月日，「記事のタイトル」．
- 雑誌記事の場合：著者名「記事名」雑誌名，Vol. 巻数，No. 号数,pp.xx-xx,出版社名，出版年．

11.6.7 「付録」のページについて

実験や観察，アンケート調査等の結果であるとか，入手した資料などを追加で載せておきたい場合に利用するのがこの「付録」のページである。本文に載せるには大き過ぎるなどの理由で，ここに掲載する場合もある。たとえば，統計のデータ表など。

11.7 その他

論文のページ設定で特殊なものをここに補足しておく。

11.7.1 段組みの設定方法

[例題 11.10] 本文の部分を段組みにする。

(操作) 二段組みの設定

① 見出し段落「1. はじめに」の行頭をクリックする。

② [ページレイアウト] タブの [ページ設定] グループの [段組み] をクリックする。

③ [段組みの詳細設定] をクリックする。

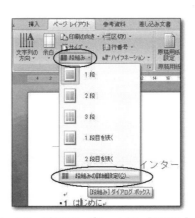

図 11.12　[ページ設定] グループの [段組み] ボタン

④ [段組み] ダイアログボックスが開くので，[二段] をクリックし，[設定対象] ボックスで，[これ以降] を選び，[OK] をクリックする。

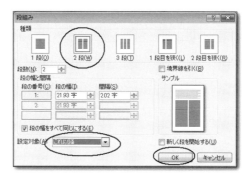

図 11.13 ［段組み］ダイアログボックス

11.7.2 ページ番号の挿入

[例題 11.11] 前付けは小文字ローマ数字 i, ii, ……, 第 1 章以降はアラビア数字で付ける。

(操作 1) 前付けのページ番号付け

① 先頭ページの左下角のフッター部分をダブルクリックする。

② ［フッター］領域が開き, ［ヘッダー / フッターツール］が画面上部に表示される。

③ ［デザイン］タブから ［ヘッダーとフッター］グループの ［ページ番号］をクリックし, ページ番号の表示位置を選ぶ。(ここでは, ページの下部・中央に表示を選ぶ。)

④ もう一度 ［ページ番号］をクリックし, ［ページ番号の書式設定］をクリックすると, ［ページ番号の書式設定］ダイアログボックスが開く。

⑤ ［番号書式］でローマ数字の小文字「i, ii, iii, ……」を, ［開始番号］で「1」を選択し, ［OK］をクリックする。

⑥ ［デザイン］タブの ［オプション］グループ上で, ［文書内のテキスト表示］と ［先頭ページのみ別指定］の両方にチェックを入れる。

⑦ 先頭ページつまり表紙のみ, ページ番号の「i」を Delete し, ページ番号を表示させないようにする。これが, ［先頭ページのみ別指定］にチェックを入れた理由。

⑧ 以上で, 表紙のみページ番号なし, 2 ページ目以降 ii, iii, ……と番号が付く。

(操作 2) 本文のページ番号付け

① 第 1 章の先頭ページに移動し, ヘッダーとフッターが開いていない通常の状態で, ［ページレイアウト］タブの ［ページ設定］グループの ［区切り］をクリックする。

② ［セクション区切り］項目の中の ［現在の位置から開始］をクリックする。

③ 第 1 章の先頭ページのフッターあるいはフッターを開くと, ［セクション 2］と表示されている。前付けのヘッダーおよびフッターは ［セクション 1］となっており, 新たなセクション区切りが挿入されたことがわかる。

④ 手順の (1) と同様に, 第 1 章の先頭ページに, ページ番号「1」を入力する。

⑤ 以降のページも，自動的に 2 ページ，3 ページ，……と設定される。

⑥ 第 1 章の先頭ページでは，［先頭ページのみ別指定］のチェックを外す。

⑦ 第 1 章の先頭ページのページ番号の両側に，「－」((全) マイナス) をキー入力する。すると，2 ページ以降もページ番号の両側に自動的に「－」が付く。

【注意】［番号書式］で，両側にハイフンの付いた「－ 1 －」を選択すると，目次の右端に表示されるページ番号にも，両側にハイフンが付いてしまう。ページ番号に装飾として両側にハイフンを付けたいときは，キーボードから別途入力するのがよい。

【演習問題】

1. 次のキーワードのなかから一つを選び，「～について」というタイトルでレポートを作成せよ。その際，必要な情報は書籍やインターネット上の資料を使って集め，レポート形式はファイブパラグラフエッセイとせよ。

   (1) 教育の情報化

   (2) 教育の役割と課題

   (3) 情報化社会の光と影

   (4) 政治の役割

   (5) 行政の役割

   (6) 司法の役割

   (7) 情報モラルと情報倫理

   (8) 情報セキュリティ

2. 例題 13.1 の文書に対し，次を施してみよ。

   (1) ビジュアル化：理解の手助けとなる SmartArt による図解表現をいくつか作成し，適切な箇所に挿入する。

   (2) 箇条書き表現：複数の項目を文章で 1 つ，2 つ，……と表現しているところが複数個所ある。箇条書き表現に直し，簡潔で分かりやすくしてみよ。

3. 第 7 章～第 9 章の例題で練習した Excel を使った分析結果を，ファイブパラグラフエッセイ形式のレポートにまとめてみよ。

4. これまでに作成したレポートを論文風に仕立て，表紙と目次を付けてみよ。また，表紙には，年度，論文カテゴリ，題名，要旨，キーワードの順で設定してみよ。

5. 例題の論文を二段組みに直してみよ。

【参考文献】

[1] W. Strunk Jr. & E. B. White *The Elements of Style*, 4ed., Pearson, 2000

[2] J.W. ヤング 『アイデアのつくり方』 CCC メディアハウス，1988

[3] 師啓二（他）『情報科学の基礎と活用』同友館，2006

[4] 師啓二（他）『これからの情報科学』学文社，2018

コラム：作文とアイデアの創出

作文が苦手だという学生は多い。何を書けばよいのか思いつかないという。その場合，小中高において「印象強い文章を！」とか，「起承転結で！」と習ってきたのが原因ではないかと推察される。起承転結は四段構成法の１つで，印象強い文章を素早く書くテクニックである。つまり，行事等の体験的感想文，新聞や雑誌のコラムなどがこの構成法にしたがって書かれることが多い。そこで，レポートや論文もそれと同じだと考えてしまうと混乱し，筆も進まなくなるだろう。

これに対し，レポート・論文系文書の三段構成法は，論理的な意味での安定感を重視した構成法である。全体を「序論・本論・結論」の形で構成し，テーマさえ決まればあとは話題を３つ見つけて本論の３つの柱（章立て）とし，さらに節や小節を入れ子にして３つ，３つ，……と詳細化を進めていけばよいので，アイデアも見つけやすくなるだろうし，「作文」というプレッシャーからも解放されるだろう。

つまるところ，レポート・論文の構想を練る際には，「過去，現在，未来」，「利点，欠点，対応策」，「日本では，アジアでは，欧米では」といったような３つの視点やアプローチを発想すればよく，その対照的な３つの組み合わせがあなたのアイデアであり，結果としてあなた独自の視点によるレポート・論文になるということである。ちなみに，ヤング (1988) にあるように「アイデアとは既存のものの新たな組み合せに他ならない」とは言い得て妙である。

コラム：デジタル文書の取り扱い

Word 等でデジタル文書を作成する際は，

　　　デジタル文書 ＝ 構造 ＋ スタイル

という図式で考えるとよい。つまり，構造（章や節など文書の骨組みのこと）を決める作業と，スタイル（レイアウトやフォントなどに関すること）の作業をはっきり分けるのが効率的である。なんとなれば，スタイルの設定は見栄えに関することなので，こだわりが出て終わりのない作業になりがちだからである。したがって，作業手順としては，まずは内容（コンテンツ）重視で文言の間違いを取り除き，次に構造を確定し，最後にスタイル設定に入るのがコツである。第２章のビジネス文書の場合も同様である。

なお，上記の図式は，一般的な電子データとしても言えることである。詳細については，HTML 文書などを例に考えてみるとよいだろう。

第12章　プレゼンテーションのまとめ方

プレゼンテーションとは，あらかじめ準備しておいたスライドを示しながら，聴衆を前にして行う**口頭発表**（oral presentation）のことである。したがって，その技量アップには，事前の調査研究から事後の見直し作業までを含む全体で考えるのが大切である。ここでは，

事前準備 → スライド作成 → リハーサル → 発表本番 → 事後処理

という流れで全体を捉え，PowerPoint の活用法を追体験してみよう。

また，プレゼンテーションの応用例として，PowerPoint のスライド上でクイズを対話的に進めるアプリケーションの作成法を紹介する。スライドにコマンドボタンなどのコントロールを配置し，VBA スクリプトを動かすことで実現できる。

12.1　プレゼンテーションの準備

口頭発表の依頼あるいはミッション（指令）を受けたならば，まず次の3つの作業を行う。その際，資料やデータは，継続性を考慮して電子化すること。

(1) 課題内容の確認

➢ 5W2H を把握する。右側は実例である（この後の例題 12.1 の内容）。

- When（日時）：6 月 14 日（水）3 限目の授業時間内
- Where（場所）：525 教室
- Whom（聴衆）：授業の履修者
- What（内容）：プロスペクト理論の概要説明
- Why（目的）：プロスペクト理論の紹介
- How（手段）：教卓のノート PC と備え付けのプロジェクタとスクリーン
- How long（時間）：1 人当たり 15 分

➢ この段階で作成し保存する文書：「プレゼンテーションの事前確認シート」
　5W2H の内容を表の形で記録した Word 文書のことである（表 12.1 参照）。

(2) 資料やデータの収集と保存

➢ データや資料を収集し，トピック（話題）ごとに整理してまとめる。

➢ この段階で作成し保存する文書：「情報シート」および「レポート」
　情報シートは，スライドに載せる表・グラフ・挿絵を作成するのに参考にして資料のメタ情報（資料名・説明・出所・保存先等）を記録した Word 文書である。1 件当たり 1 ページで保存していく。書式は各自で工夫すること。レポートは，プレゼンテーションに先立って作成

しておくのが通例である。その一部あるいは全体は当日の配布資料として利用することができる。

(3) ストーリー作り

➢ 発表全体の話の筋立てと時間の配分を考えることである。

➢ この段階で作成し保存する文書：「プレゼンテーションのストーリーシート」
いわゆる発表の手順書である（表 12.2 参照）。

ここまでがプレゼンテーションの準備段階である。では次の例題で試してみよう。

[例題 12.1] 「プロスペクト理論」という題でレポートが既に作成してあるものとし，その内容に基づいて口頭発表を企画せよというのがここでのミッションである。そこで，発表の事前準備として 3 つの文書を作成してみよう。

(操作 1) 「プレゼンテーションの事前確認シート」の作成

① Word を使って，発表会に関する 5W2H を表の形で A4 用紙 1 枚にまとめる。

② 内容は「(1) 課題内容の確認」に記した 5W2H とする。

③ ファイル名を「プレゼンテーションの事前確認シート」として保存する。

表 12.1　プレゼンテーションの事前確認シート

項目	内容
When （日時）	再来週の授業時間内
Where （場所）	525 教室（一般教室）
Whom （聴衆）	同じ授業の履修者
What （内容）	プロスペクト理論の概要
Why （目的）	プロスペクト理論の概要を理解する
How （手段）	ノート PC を持参し，教室のプロジェクタでスクリーン投影
How long （発表時間）	1 人当たり 15 分
その他	

(操作 2) 「情報シート」およびレポート作成

① 資料の保存：プレゼンテーションのスライドに載せる表・グラフ・挿絵，さらにはそれらを作成するのに利用したデータも含め，全体を一つのフォルダに一括して保存する。

② 資料のメタ情報：各資料のファイル名，保存場所，説明，出所（いわゆる入手先の Web サイトのタイトルと URL）等を一覧表にしたものを Word で作成し，ファイル名を「情報シート」として保存する。

③ レポート作成：上記の資料を利用してレポートを作成しておく。

（操作 3）「プレゼンテーションのストーリーシート」の作成

① レポートの章の見出しを，そのまま計6枚のスライドに対応付けることにする。

➤ 1. はじめに → トップページ（スライド 1）

➤ 2. 価値関数 →「価値関数」（スライド 2），「損失回避性の例」（スライド 3）

➤ 3. 確率加重関数 →「確率加重関数」（スライド 4），「リスク回避性／リスク追求性」（スライド 5）

➤ 4. おわりに →「まとめ」（スライド 6）

② スライドごとの提示時間を決める。

③ 以上を一覧表にして Word 文書に記載し，「プレゼンテーションのストーリーシート」として保存する。

表 12.2　プレゼンテーションのストーリーシート

タイトル：プロスペクト理論			
テーマ **(目的)**：プロスペクト理論の概要を理解する			
構造	スライド番号／見出し	内容	時間
序論	1　（表紙）プロスペクト理論	あいさつ・自己紹介 発表の進め方について 配布資料の確認	3分 1分 1分
本論	2　価値関数	関数のグラフの説明 損失回避性の説明	3分
	3　損失回避性の例 （例1）物が捨てられない！ （例2）ネットショッピング	（状況の説明と対策） 利得の交換と考える 満足感は状態の変化で得る	4分
	4　確率加重関数 （例3）ワクチン接種率の向上！	関数のグラフの説明 副反応が起こることに過剰反応 起こりやすいことを強調	4分
	5　リスクの回避性／追求性 （例4）手術は本当に成功するだろうか！ （例5）宝くじが当たる気がする！	不安を生じる原因説明と対策 楽観視する原因説明と対策	4分
結論	6　まとめ	まとめ ● 行動経済学の基礎理論 ● 意思決定にかかるバイアス ● データ収集から最適解まで ● 経済学から、心理学・社会学等への普及	3分
	【参考文献】 その他	文献の紹介 質疑応答	1分 3分

【参考】 あらかじめ計画を立て，それにしたがって物事を進めるということはとても大切なことである。「プレゼンテーションのストーリーシート」はまさにその例であるが，他分野にも同様のものを見つけることができる。教員が作成する「授業の指導案」，システムエンジニアが作成する「手順書」，土木建築分野で作成する「日程計画表」などはいずれもその例である。

(4) 三段構成法の確認

プレゼンテーションをエンターテインメント（娯楽や余興）として行う場合もあるが，ここで想定しているのは学術的な内容を伝達・理解・説得する場面である。したがって，レポート・論文と同様に論理性を重視し，三段構成法を採用している。

また，旧来のプレゼンテーションでは，序論・本論・結論という通りに，最後になってようやく結論が述べられる形であったが，現代のプレゼンテーションでは，レポート・論文も同様であるが，最初の序論で早速に結論を述べ，その裏付けとなる話題を3つ紹介し，最後に結論を再確認するという形が標準になっている。

12.2 スライドの作成

プレゼンテーションソフト PowerPoint の利用はいよいよここからである。

[例題 12.2] 例題 12.1 で作成した各文書を手掛かりに，スライドを作成していこう。

（操作1）トップスライドとデザインの決定

① PowerPoint を起動すると，[最近使ったファイル]の選択画面が開く。右側に[検索の候補]が一覧されるので，[新しいプレゼンテーション]をクリックする。

② タイトルスライド（トップスライド）が表示されるので，[タイトルを入力]プレースホルダにタイトルを，[サブタイトルを入力]プレースホルダに所属と氏名を入力する。

図 12.1　トップスライドのデザイン

③ ここまででファイルのメタ情報が決まったので，名前を付けてファイルに保存しておく。

ファイル名は「プロスペクト理論.pptx」とする。以降は［上書き保存］でよい。

④ ［デザイン］タブをクリックすると，［テーマ］グループ上に，登録されているデザインが並ぶので，好みのデザインを設定する。

⑤ ［テーマ］が決まると，そのテーマに応じて，［バリエーション］グループ上で，［配色］，［フォント］，［効果］，［背景］をさらに細かく指定できる。

（操作2）スライドの追加と編集

① ［ホーム］タブから［スライド］グループの［新しいスライド］をクリックすると，新しいスライドが追加される。特に指定しなければ［タイトルとコンテンツ］タイプのスライドが追加されるが，別のタイプを選びたいときは，［新しいスライド］の下側をクリックするとさまざまなタイプが一覧表示されるので，適するものをクリックする。

② ［スライドペイン］の縦幅を狭くし，その分下に隠れている［ノートペイン］を広げ，そこにレポートの内容を参考にしつつ，台詞を入力する。

図12.2　トップスライドの［ノート］ペインに台詞を入力

③ スライドの3枚目から6枚目まで，それぞれレポートの記述を参考に，スライドに箇条書き表現を基本にして内容を入力していく。

④ また同時に，［ノート］ペインに台詞を入力していく。

⑤ 以下は，スライドの3枚目から6枚目までの画面である。

価値関数

- 横軸：利得（またはマイナスの損失）
- 縦軸：効用（満足の度合い）
- 人には損失に対し、より強い負の効用（不満足）を感じる傾向がある。
- 損失回避性

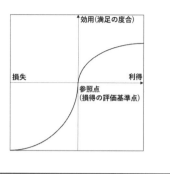

図 12.3　スライド 2 枚目の入力

損失回避性の例

（例1）物が捨てられない！
➡損失と考えず「利得の交換」
という正の視点で臨む

（例2）ネットショッピング：
誘われるとつい追加購入してしまう！
➡満足感は利得自体ではなく
状態の「変化」で得られると考えよ！

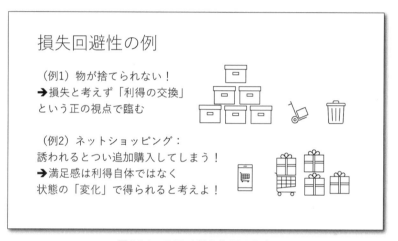

図 12.4　スライド 3 枚目の入力

確率加重関数

- 横軸：客観的確率
- 縦軸：主観的確率
- 起こりやすいことを過小に評価し
- 起こりにくいことを過大に評価する
（例3）ワクチン接種率を上げたい！
0.01%の人に副反応が起こる！
➡副反応が起こることに過剰反応
➡100人中99.99人は副反応なし！
と伝えよう。

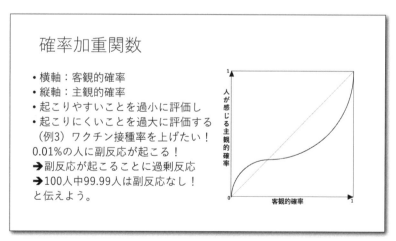

図 12.5　スライド 4 枚目の入力

リスク回避性／リスク追求性

（例4）手術は本当に成功するだろうか！
不安（成功率7割ぐらい？）➡リスク回避性という。

（例5）宝くじが当たる気がする！
当選？➡リスク追求性

図 12.6　スライド5枚目の入力

まとめ

- プロスペクト理論は行動経済学の基礎理論
- 人の意思決定にはバイアスがかかる
- データ収集➡根本原因の洗い出し➡適切な解釈➡最適な手の発見
- 行動経済学から、心理学や社会学などへ普及
【参考文献】
[1] Daniel Kahneman and Amos Tversky "Prospect Theory: An Analysis of Decision under Risk", Econometrica, XLVII, pp.263～291,1979.
[2] D.カーネマン『ファスト&スロー あなたの意思はどのように決まるか?』(上)(下),早川書房,2014.

図 12.7　スライド6枚目

【参考】2枚目と4枚目のスライドに載せた関数の図は，別の PowerPoint 上で作成し，SVG 形式で保存したものを使用している。また，小さな挿絵は，［挿入］タブから［図］グループの［アイコン］をクリックして表示される図形要素から選んだものである。

12.3　リハーサル・発表・事後処理

12.3.1　リハーサル

[例題 12.3] 時間の許す限り何度も**リハーサル**を繰り返し，そして本番に臨もう。

（操作 1）リハーサルで**最適時間を割り出す**。

① ［スライドショー］タブから［設定］グループの［リハーサル］をクリックする。

② 画面が全画面モードに切り替わり，画面左上に［リハーサル］ダイアログボックスが小さく表示される。

図 12.8　リハーサル用のタイマー

③ 左側に表示されている時間が，現在のスライドの経過時間を示している。

④ 右側に表示されている時間が，リハーサルを開始した時点からの経過時間を示している。

⑤ 最後のスライドの表示が終了すると，経過時間を保存するか聞いてくるので，［保存］を選択すると，記憶される。

⑥ ［表示］タブから［スライド一覧］をクリックすると，画面表示モードがスライド一覧となり，各スライドの右下にスライドごとの経過時間が表示される。

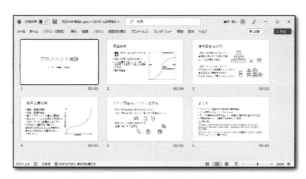

図 12.9　［スライド一覧］表示モード

⑦ 以上を何度も繰り返し，全体の経過時間と，スライドごとの経過時間の最適な組み合わせを割り出す。

⑧ 最適な経過時間の組み合わせを取得したら，それを目安にしてさらにリハーサルを繰り返し，ベストなプレゼンテーション経過時間で実施できる感覚を身につける。

（操作 2）配布資料の準備

① PowerPoint には，スライドの縮小イメージを一覧印刷する［配布資料］機能があるので，それを利用することもできるが，今回の例題では，レポートが事前に作成されているのでその要約を配布することとする。

② アンケート用紙の作成と印刷も，事前に済ませておく重要な作業である。

【参考】配布資料を指す言葉としてたとえば次がある。

- レジメ（レジュメ）：要約という意味。講演会や発表会などで聴衆に配るものとしてはこちらの呼び方がよく使われる。

- アジェンダ：議題という意味。会議などで進行の順序を書いたもの。仕事の打ち合わせなどでプレゼンテーションをする場合はこちらの呼び方が相応しい。

- ハンドアウト：授業や講演会，報道機関などで配布される印刷資料全般を指すが，全体的な流れをある程度まとめたものという意味合いが強い。
- プリント：印刷された紙全般を指す言葉。テスト用紙なども含む。

12.3.2 発表本番

[**例題 12.4**] 落ち着いて口頭発表の本番に臨もう。

(**操作**) **発表本番**

① [スライドショー] タブから [スライドショーの開始] グループの [最初から] をクリックするとスライドショーが開始される。

② PC の映像出力インタフェースに外部の表示装置を接続すると，聴衆が見る外部モニタは全画面表示になるが，自分の PC モニタは各種の操作ができるモードになる。

③ 発表者の PC モニタ上では，左側に現在のスライドが表示され，その下に 5 種類の [発表者ツール] が並ぶ。また，右上に次のスライドが，右下に現在のノートが表示されている。

発表者の PC モニタ　　　　　　　　　　外部スクリーン

図 12.10　[スライドショー] モード

【注意】スライドショーモードにならないときは，画面上で右クリックし，メニューから [発表者ツール] をクリックするとよい。

④ 5 種類の [発表者ツール] の使い方（左から）

　　（ア）　　（イ）　　（ウ）　　（エ）　　（オ）

図 12.11　スライドショーの発表者ツール

（ア）[ペンとレーザーポインターツール]：レーザーポインタで照射するように見せることや，鉛筆や蛍光ペンで線を描くことができる。

（イ）[すべてのスライドを表示]：スライドが一覧表示され，目で見て他のページに移動できる。

(ウ)［スライドを拡大］：画面の一部を拡大表示できる。

(エ)［スライドショーをカットアウト／カットイン（ブラック）］：表示を消したり戻したりできる。

(オ)［その他のスライドショーオプション］：［発表者ツール］の非表示，スクリーン全面の黒色化／白色化，スライドショーの一時停止／終了などが設定できる。

12.3.3　事後処理

［例題 12.5］ 事後処理は大きく 2 つの作業に分けられる。1 つはアンケートの処理である。プレゼンテーションを聴衆に客観評価してもらうことは重要である。アンケートを回収し，データを分析し，結果を次に活かそう。2 つ目は，欠席者や質問者への対応である。

（操作 1）アンケートの分析

① アンケートの回答を Excel に入力し，レーダーチャートなどの形で表すと自分の強み弱みを知るのに役立つ。

② 下図は，アンケート用紙と回答の集計結果（レーダーチャート）の例である。

	A	B	C	D	E	F
1	発表チェックシート					
2		発表日時:		年	月	日(　)　:
3	・評価は5段階でお願いします。	発表場所:				
4	・チェック項目ごとに、適すると思う番号1つに○を付けて下さい	発表者:				
5	チェック項目	5 (とても良い)	4 (良い)	3 (普通)	2 (やや悪い)	1 (悪い)
6	主題(話の核心)ははっきり示されたか	5	4	3	2	1
7	論理(ストーリー展開)は明確だったか	5	4	3	2	1
8	興味・関心をひく話題が提供されたか	5	4	3	2	1
9	会場や聞き手に注意を払っていたか	5	4	3	2	1
10	話し方や言葉づかいは適切だったか	5	4	3	2	1
11	具体的な事例やデータを用いていたか	5	4	3	2	1
12	図・表・グラフは理解に役立ったか	5	4	3	2	1
13	スライドは視覚的で見やすかったか	5	4	3	2	1
14	時間配分は妥当だったか	5	4	3	2	1
15	全体としての印象はどうだったか	5	4	3	2	1
16	その他特記事項(自由記述欄)					

図 12.12　アンケート用紙の例

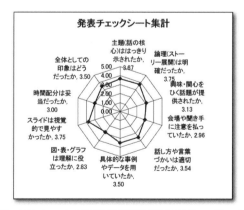

図 12.13　アンケートの回答の集計結果の例（レーダーチャート）

(操作 2) プレゼン資料の Web 公開

① 発表会当日に欠席した人へのサービスとして，配布資料とプレゼンテーション資料を Web サイトや Cloud の共有フォルダにアップロードし，閲覧可能にしておくとよい。

② 発表内容のことや今後の勉強のことなどについて，参加者からの問い合わせを受け付けるようにしておくことも大切な事後処理である。

12.4 PowerPoint と VBA でクイズ

プレゼンテーションの応用例として，PowerPoint のスライド上でクイズを対話的に進めるアプリケーションを作成してみよう。スライドにコマンドボタンと呼ばれるコントロールを配置し，それがクリックされると対応する **VBA スクリプト**が動いて表示が切り替わるしくみである。

なお，ここで使用する VBA スクリプトは Excel 上でも同様に動かすことができるので，完成後に試してみるとよいだろう。その際，第 14 章も参考になる。

[**例題 12.5**] 3 学部対応の常識クイズの作成

図 12.14.1 に示す 4 つのスライドのうち，スライド 1 はクイズのトップ画面で学部選択用，スライド 2, 3, 4 はそれぞれ経営学部，法学部，教育学部向けのクイズ画面である。各スライドコマンドボタンとラベルが配置されている。コマンドボタンやラベルの配置とスクリプトとの関連付けの方法を以下に示す。

図 12.14.1 の (1) 例題 12.5 のスライド 1（トップスライド）
各学部のボタンをクリックすると，対応するスライドに切り替わる。

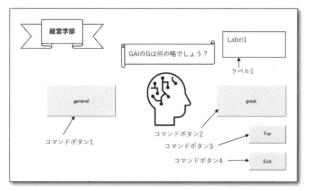

図 12.14.1 の (2)　例題 12.5 のスライド 2（経営学部向け）
GAI の G はいずれの単語の略か選ぶと，Label1 に結果 が表示される。

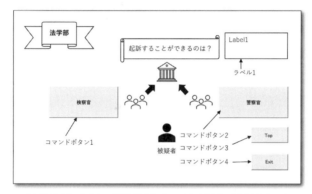

図 12.14.1 の (3)　例題 12.5 のスライド 3（法学部向け）
被疑者を裁判にかけられるのはどちらかを選ぶと，Label1 に結果が表示される。

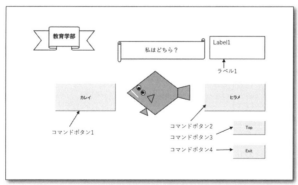

図 12.14.1 の (4)　例題 12.5 のスライド 4（教育学部向け）
カレイとヒラメの見分け方『左○○○に右○○○』を 知っていると答えられる問題である。

　コマンドボタンやラベルに代表されるコントロールは，PowerPoint の［挿入］→［図］で挿入できる通常の図形要素とは異なる。VBA 機能に組み込まれているオブジェクトである。まずは，コントロールの配置とそこにスクリプトを関連付ける必要があるため，「開発」の機能を有

効にするところから始めよう。

（操作 1）リボンに開発タブを表示させる

① PowerPoint を起動し，新規作成を選択する。

② ［ファイル］タブから［オプション］をクリックし，［リボンのユーザー設定］をクリックする（図 12.14.2）。

図 12.14.2　PowerPoint のオプション画面

③ ［開発］の欄にチェックを入れて［OK］をクリックするとリボンに［開発］タブが表示される。

図 12.14.3　開発タブ

（操作 2）マクロを有効にする。

　マクロ（macro）とは，繰り返し使用される一連の操作や命令などをまとめて登録し，必要に応じて呼び出し，使用できるようにする機能のことである。

① ［ファイル］タブから［オプション］をクリックし，［セキュリティーセンター］をクリックする。

② ［セキュリティーセンターの設定］をクリックし，［マクロの設定］で［すべてのマクロを有効にする］にチェックする（図 12.14.4）。ただしシャットダウンする前に元に戻しておく

とよい。

図 12.14.4　マクロの設定のダイヤログボックス

(操作 3) スライド 1 〜 4 の作成

① まずは，コントロール以外のオブジェクトを貼り付ける。スライド 1 〜 4 にふさわしいデザインを選び，表紙のスライド 1 および学部用のスライド 2 〜 4 を作成する。ここでは，［挿入］タブの［図］から一般的な図形要素を利用する他に，［アイコン］を利用している。無料サイトから，好きなイラストなどをダウンロードしてもよい。

② 次に，コントロールを貼り付ける。［開発］タブをクリックし，コントロールグループのコマンドボタンをクリックする（図 12.14.5）。スライド 1 の適当な位置で左クリックし，ドラッグ＆ドロップしてコマンドボタンを作成する。コマンドボタンを右クリックし，［コマンドボタンオブジェクト］［編集］と選択し，「経営学部」と入力する（図 12.4.1 の (1) 参照）。これを繰り返し，「法学部」と「教育学部」も作成する。スライドの 2, 3, 4 も同様にコマンドボタン 1 〜 3 および 4 を配置する。図のように「general」と「great」,「検察官」と「警察官」,「カレイ」と「ヒラメ」,「Top」,「Exit」をそれぞれコマンドボタンに入力する。ラベル 1 は貼り付けておくだけでよい。

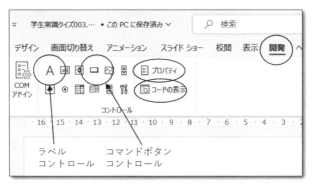

図 12.14.5　開発タブの拡大図

④ 部品の説明

今回使用するコントロールはコマンドボタンとラベルである。

【注意】コントロールのキャプション（表示文字列），その配置，背景色などを編集するには，次の2つの方法がある。コントロールを選択してから，1つは，右クリックしてコマンドボタンならば［コマンドボタンオブジェクト］から［編集］をクリックする。2つは，［開発］タブを開き［コントロール］グループの［プロパティ］をクリックする。

【注意】PowerPoint の VBA では，コマンドボタンのキャプション（表示文字列）を中央寄せにする設定が登録されていないので表示が横にずれることがある。その場合は中央寄せが効くラベルコントロールをコマンドボタンの上に重ねて配置するか，最初からコマンドボタンの代わりにラベルを使うとよい。

（操作4）スライド1のプログラムの作成

以下に，VBS スクリプトの作成手順を示そう。ただし，コマンドボタンのうち，トップスライドに戻るボタン「Top」とクイズで終了する（PowerPoint の終了用）ボタン「Exit」のスクリプトについては省略してあるので，各自考えてみよ。

図 12.14.6　スライド1のコマンドボタンのコード

① スライド1のコマンドボタン1をダブルクリックする。すると「Private Sub CommandButton1

_Click()」と「End Sub」が表示され，その間に空行が入るので，次の2行を入力する（図12.14.6）。

　　　Slide2.Label1.Caption = ""

はスライド2のラベルに書かれた文字を消すコード，いわゆる命令である。

　　　SlideShowWindows（Index:=1）.View.GotoSlide Index:=2

はスライド2を表示させるコードである。これらのコードはそれぞれのコマンドボタンがクリックされると実行される。

以下同様にして，コマンドボタン2と3のコードを入力する。

（操作5）スライド2のプログラムの作成

① スライド2のコマンドボタンをそれぞれダブルクリックする。図12.14.7を参考にして次のコードを入力する。

　　　Label1.Caption = "正解"

はコマンドボタン1が押されたときに，ラベル1に「正解」と表示するコードである。

　　　SlideShowWindows（1）.View.Exit

はコマンドボタン3が押されたときに，スライドショーを終了するコードである。

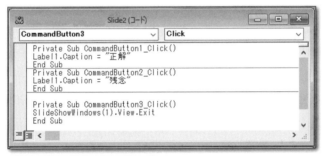

図12.14.7　スライド2のコード

② スライド3・4にも同様の操作を行い，クイズの問題を完成させる（演習問題1）。

③「画面の切り替え」→「タイミング」→「画面の切り替えのタイミング」→クリック時・自動のチェックをはずす。Enterキーが押されたとき画面が変わらないようにする設定である。

④ マクロ有効プレゼンテーションとして保存する（図12.14.8）。これにより，プレゼンテーションファイルの拡張子は「.pptx」ではなく「.pptm」となる。

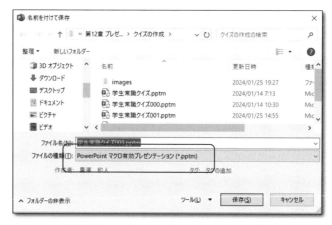

図 12.14.8　マクロ有効ファイルとして保存

　さて，当該クイズを開始するには，［スライドショー］タブから［最初から］をクリックする。
すると，トップページから全画面表示され，クイズを楽しむことができる。

【演習問題】

1. これまで作成したレポートを題材として，プレゼンテーションのスライドを作成し，発表のリハーサルを行ってみよ。

2. 例題14.1で作成した「プレゼンテーションの確認シート」，「情報シート」および「ストーリーシート」を，それぞれWordテンプレートとして保存し，クラウドにアップロードせよ。

3. 上記の問題1で作成したプレゼンテーションファイルに対し，次の編集を施してみよ。

   (1) ビジュアル資料の追加：ビジュアル資料としては，挿絵，図解表現（抽象的な概念を図で表現したもの），表，グラフなどがある。事前準備で収集した資料やデータを独自の形式で図的に表現し，スライドに貼り付けると理解の助けになる。

   (2) アニメーションの追加：箇条書き表現で，各項目が画面の上下左右などから移動してきて，定位置で停止するようなものを設定してみよ。

   (3) ハイパーリンクの追加：スライド上の重要語句などに，インターネット上の資料のページへのリンクを設置し，表示をそれらのWebサイトに移動するようにしてみよ。

4. 次に示すテーマの中から1つを選び，プレゼンテーションを企画し，事前準備から事後処理までの一通りを実施してみよ。なお，具体的な統計データ（出所の明らかなもの）を入手し，Excelの表あるいはグラフで表したものを1つ以上含むこと。

   (1) 現代若者の職業意識

   (2) リーダーシップとは

   (3) 金融とITについて

   (4) AIの発展と人間の将来

   (5) 行政と情報

   (6) 教育と情報

   (7) 情報セキュリティの現状について

5. 下図のようなスライドを作成し，プログラムを入力して，2つの整数のかけ算の答えを入力し，その正誤を求めるスライドを作成せよ。

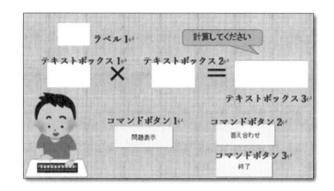

ヒント

　コマンドボタン1をクリックし，

　　TextBox1.Text = Int（Rnd（）* 100）

　　TextBox2.Text = Int（Rnd（）* 100）

と入力する。このコードはスライドに計算用の数字を表示させるコードである。

　Int（Rnd（）* 100）は2桁の乱数を発生させるコードである。

　Rnd（）は0から1までの乱数を発生させる関数で，100倍すると0～100まで
の乱数となる。この値をINT関数の入力にすると，0～100までの2桁の整数乱
数となる。これをスライド上のテキストボックス1とテキストボックス2のテキス
ト欄に代入することにより，問題の数字が表示される。

　また，

　　Label1.Caption = ""

　　TextBox3.Text = ""

と入力し，スライドの答えを入力する欄と正誤を表示する欄をクリアする。

　コマンドボタン2をクリックし，

　　If　Val（TextBox3.Text）= Val（TextBox1.Text）* Val（TextBox2.Text）Then

　　　Label1.Caption = " 正解 "

　　Else

　　　Label1.Caption = " 残念 "

　　End If

と入力する。Val（TextBox3.Text）はテキストボックス3に入力された文字型の数
字を数値型に変換するコードである。

【参考文献】

実教出版企画開発部（編）『30 時間でマスター プレゼンテーション + PowerPoint2019』実教出版，
2020

師啓二（他）『これからの情報科学』学文社，2018

黒澤和人（他）『教育情報科学』学文社，2020

コラム：フォントのデフォルト設定（メイリオと Arial)

　PowerPoint の日本語フォントは「游ゴシック」がデフォルトになっている。しかし，細くてプレゼンテーションには向かないと感じている人も多いため，マスタースライドでデフォルトを変更しておくとよいだろう。ここではプレゼンテーション用の日本語フォントとして定評のある「メイリオ」(明瞭が語源)と英数字フォント「Arial」(エイリアル，アリアルなど)をデフォルトに設定する手順を示す。

(1) ［表示］タブから［マスター表示］グループの［スライドマスター］をクリックする。

(2) ［スライドマスター］タブに切り替わるので，［背景］グループの［フォント］をクリックする。

(3) プルダウンリストの最下段の［フォントのカスタマイズ…］をクリックする。すると［新しいテーマのフォントパターンの作成］ダイアログボックスが開く。

(4) ［英数字用のフォント］グループの［見出しのフォント（英数字)］と［本文のフォント（英数字)］の値をともに「Arial」に直す。また，［日本語文字用のフォント］グループの［見出しのフォント（日本語)］と［本文のフォント（日本語)］の値をともに「メイリオ」に直す。

(5) ［名前］を「ユーザー定義 Arial+ メイリオ」に直し，［保存］をクリックすると，［スライドマスター］および［スライドレイアウトマスター］のフォントが一斉に Arial とメイリオに変更される。

(6) ［表示］タブから［プレゼンテーションの表示］グループの［標準］をクリックすると元のスライド編集画面に戻り，フォントが新しい組み合わせに変更されている。

第13章 アニメーション

アニメーション（animation）とは，複数の静止画像（それぞれをコマと呼ぶ）を準備し，表示を高速で切り替えることによって動きを表現する技術のことである。本章では，PowerPoint に組み込まれているアニメーション機能を使って，5つのタイプのアニメーションを作成してみよう。

13.1 アニメーションの基礎（タイプ：その1）

スライド上のオブジェクト（テキストや画像など）にアニメーション効果を設定し，より印象強いプレゼンテーションに仕上げてみよう。ここで紹介するのは，PowerPoint で実現できるアニメーションのうちの最も基本的なタイプである。

[例題 13.1] スライドの準備

アニメーションの設置方法の基本を知るのを目的として，スライド1枚からなるプレゼンテーションファイル「アニメサンプル1.pptx」を作成する。

（操作1）新規作成と保存

- タイトルスライドが表示されていたら削除する。
- ［ホーム］タブのスライドグループから，「タイトルとコンテンツ」をクリックする。
- ［ホーム］タブの［段落］グループで，個条書きモードを選択し3項目を入力する。その際に次を設定する。
- ➤ 行の途中で［Shift］＋［Enter］で改行すると，次の項目に行頭文字が付かない。
- ➤ ［Tab］キーを1回または2回押して，開始位置を後方にずらす。

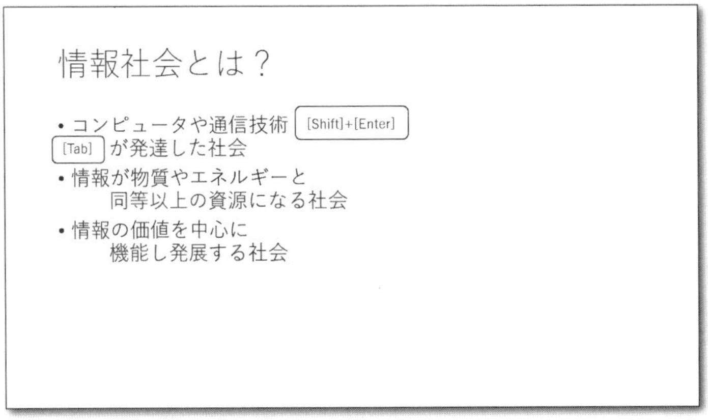

図 13.1　箇条書きスライド

> ➤ ［Tab］キーを多く押して後方に行き過ぎたときは，［Backspace］キー（あるいは［Shift］＋［Tab］）で戻す。（［Shift］＋［Tab］が効かないこともある。）
> ➤ 上書き保存する。

（操作2）画像の選択：オンライン画像の検索（Bing の利用）

- ［挿入］タブから［図］グループの「オンライン画像」をクリックする。
- 「オンライン画像」ダイアログボックスが開き，さまざまな画像が一覧表示される。
- Bing による提供であること（「Powered by Bing」という表示が付いている）を確認する。
- 検索窓に「PC」と入力し［Enter］キーを押すと，検索結果として複数の関連画像が表示される。
- 「Creative Commons のみ」の表示にチェックがついていることを確認する。
- 挿絵として適当な画像を一つ選びクリックすると右上にチェックが付く。

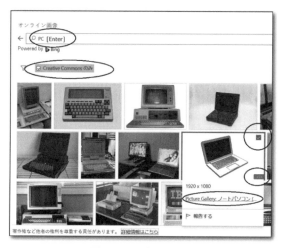

図 13.2　画像の選択

【注意】画像をダブルクリックしないこと（画像がスライドに貼り付いてしまう）。画像のメタ情報を入手する段階であるのでそうならないよう注意すること。

（操作3）画像の挿入：スライドへの画像の貼り付け

- スライドを開き，画像を載せたい箇所をクリックし，［挿入］タブから［画像］をクリックする。
- ［図の挿入］ダイアログボックスが開くので，該当する画像を見つけ，クリックしてから［挿入］をクリックする。

図 13.3　画像の挿入

- スライドに戻るので，画像の位置，大きさ，傾きなどを調節し，決定したら上書き保存する。
- 図 13.4 は，図をクリックして，[図ツール] の [書式] タブから [図のスタイル] グループで，「透視投影，影付き，白」のスタイルを設定した状態を示している。ただし，スタイルの設定については，時と場合に応じて，各人各様好きなものを設定すること。

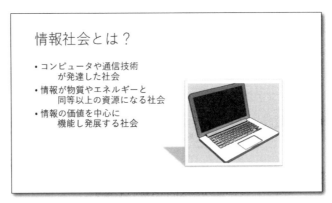

図 13.4　図のスタイル設定

[例題 13.2] 基本的なアニメーションの設定

　スライド上のテキストや画像などの 1 つ 1 つをオブジェクトという。アニメーションは，オブジェクト単位で設定し，それを順番付けることができる。

(操作) [開始] 効果アニメーションの追加

- 本文（個条書きの 3 項目）の載っているプレースホルダをクリックし選択状態にする。
- [アニメーション] タブから [アニメーションの詳細設定] グループの [アニメーションの追加] をクリックする。
- 「効果」ごとに複数のアニメーションがアイコンで一覧表示されているので，ここでは「開始」効果の「ホイール」をクリックする。

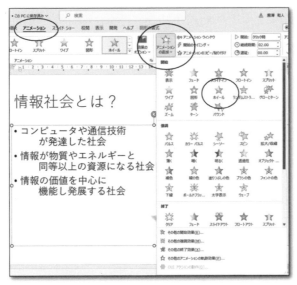

図 13.5　アニメーション効果の設定

- 実際にアニメーションが実行された後，箇条書きの 3 つの項目にそれぞれ番号が付く。プレースホルダを選択したので，そこに載っているオブジェクト 1 つ 1 つに，上から順に同一の［開始］効果アニメーションが設定されたことになる。

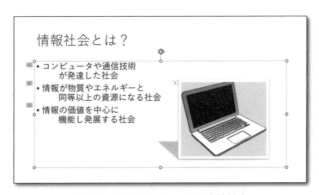

図 13.6　アニメーションの連続設定

- ［アニメーション］タブから［アニメーションの詳細設定］グループの［アニメーションウィンドウ］をクリックすると，画面右側に「アニメーションウィンドウ」が開く。
- ［内容を拡大］ボタン（下向き二重矢印）をクリックして，アニメーションを設定した全項目（ここでは 3 つ）を表示させると，緑色の帯と右端に下向き三角ボタンが付いている。
  - ➢ 緑色の帯で，その項目の開始と終了時刻を設定できる。
  - ➢ 右端の下向き三角ボタンをクリックすると，次の設定が可能になる。
    - ◇ アニメーションの開始のタイミング（3 通りが選択できる）

◇効果のオプション（変更ができる）

◇細かなタイミング設定

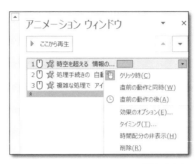

図 13.7　アニメーションの詳細設定

[例題 13.3] スライドショー

アニメーションウィンドウで設定が終わったら，ファイルを保存してから，「スライドショー」から，「リハーサル」を行うか，「始めから開始」を実施し，アニメーションの実際を確認する。

不都合な部分があれば，手直しをする。

13.2　アニメーションの基本（タイプ：その2）

PowerPoint におけるアニメーションの2つ目は，Excel で作成したグラフをスライドに貼り付け，グラフ要素を順に表示していくタイプである。

[例題 13.4] Excel のグラフの貼り付け

PowerPoint のグラフ描画機能よりも，Excel のグラフを貼り付ける方が細かな指定ができてよい。Excel から貼り付けたグラフにもアニメーションは設定できる。

（操作 1）スライドファイルの準備

- PowerPoint を起動し，タイトルを「アニメサンプル2」とする。
- 2枚目のスライドを追加する。
- スライドのファイル名を「アニメスライド2.pptx」として保存する。

（操作 2）Excel のグラフの貼り付け

- 総務省のサイトからインターネット利用率のデータを入手し，Excel ブックに入力し，折れ線グラフを作成する。
- グラフエリアをクリックし，コピーする。
- PowerPoint の2枚目のスライドを開き，貼り付ける。
- グラフにはタイトルがついているが，スライドのタイトルの方へ移動する。
- グラフのタイトルのプレースホルダを削除する。あるいは，グラフエリアをクリックし，［グ

ラフツール］から［デザイン］をクリックし，［グラフのレイアウト］グループから［グラフ要素を追加］をクリックし，［グラフタイトル］をポイントして「なし」をクリックするのでもよい。

- ファイルを上書き保存する。

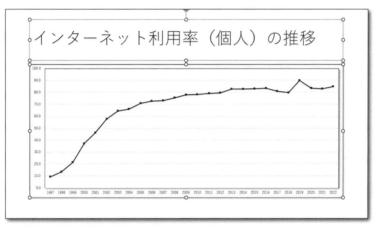

図 13.8　Excel のグラフの貼り付け

[**例題 13.5**] アニメーションの設定（グラフへの設定）

グラフへアニメーションを設定する基本手順を見てみよう。

（操作 1）1 つのオブジェクトとして効果を設定

- グラフエリアをクリックする。
- ［アニメーション］タブを開き，［アニメーション］グループから［ワイプ］をクリックする。
- グラフエリアの左上に番号「1」が表示され，アニメーションが設定されたのがわかる。
- ［アニメーション］タブを開き，左端の［プレビュー］をクリックすると，グラフエリア全体が一つのオブジェクトとして，下から上（あるいは上から下）に向かって現れていく形のアニメーションが表示される。
- ［アニメーション］タブを開き，［アニメーション］グループを開き，右端の［効果のオプション］をクリックし，方向と連続の 2 項目について，何が選択されているか確認する。
- データが年代順に並び，しかも折れ線が追加されているので，［効果のオプション］の設定を「左から」と「1 つのオブジェクトとして」に変更し，プレビューしてみる。
- ファイルを上書き保存する。

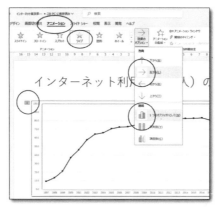

図 13.9　アニメーションの効果の設定

　しかし，ワイプが一瞬で終わるため，年度に応じたデータの伸びがうまく表現されない。そこで，アニメーションの表示速度をもっと遅くしてみる。

（操作 2）アニメーションの表示速度の変更。

- ［アニメーション］タブを開き，［アニメーションの詳細設定］から［アニメーションウィンドウ］をクリックする。

- アニメーションウィンドウが画面の右端に開き，左からアニメーション番号「1」，マウス，星印，アニメーションの設定対象名，緑の帯（タイミング）が表示される。

- この表示から，現在のアニメーションの設定対象は，グラフエリアのプレースホルダ1つであることが分かる。

- このオレンジ色のボックスの右端に付いている下向き黒三角をクリックして表示されるメニューを使って，アニメーションの詳細を設定できる。

- ここでは次の変更をしてみよう。

  ➢ クリック時：これはこのままとする。プレビューするとすぐ表示されるが，一般のスライドショーの際には，クリックすると表示が開始されることになっている。

  ➢ 効果のオプション：そのまま「スワイプ」とする。緑色の星印。

  ➢ タイミング：ここをクリックすると，「ワイプ」ダイアログボックスが開き，さらに「タイミング」タブが開くので，「継続時間」を「5秒（さらに遅く）」を選択し，［OK］をクリックする。

  ➢ すると，緑の帯が延びて，実行時間が長くなったことがわかる。

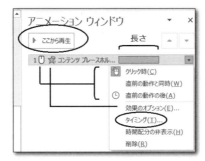

図 13.10　アニメーションウィンドウと詳細設定

図 13.11　アニメーションのタイミングの設定

　アニメーションが設定できたら，実際に動かしてみよう。その方法は3通りある。

(操作3) アニメーションの再生

- アニメーションウィンドウで，[ここから再生] をクリックすると，アニメーションの再生に合わせ，アニメーションの開始から終了までの時間の長さを表す緑色の帯の上を縦の直線が左から右へ流れていく。
- [アニメーション] タブを開き，左端の [プレビュー] をクリックすると，選択されているオブジェクトのアニメーションをプレビューして確認することができる。
- [スライドショー] メニューから，[スライドショーの開始] グループで [現在のスライド] をクリックすると，実際のスライドショーと同じ条件でプレビューできる。したがって，この場合は，マウスをクリックすることでアニメーションを開始できるようになる。

[例題 13.6] アニメーションの設定 (系列別と項目別)

　グラフへアニメーションを設定する際に，「効果のオプション」で「系列別」や「項目別」を選んでみよう。

（操作 1）系列別の設定

- スライドをコピーし，スライド上のアニメーション番号をクリックするか，アニメーションウィンドウにおいて番号をクリックするかし，[Delete] キーを押すと，アニメーションを削除することができる。
- 元のデータの Excel で折れ線を 2 本増やして 3 本にしたグラフを作成し，新しいスライドにそのグラフを貼り付ける。
- 改めて，グラフエリアに [ワイプ] を設定する。
- [アニメーション] タブを開き，[アニメーション] グループから，[効果のオプション] をクリックし，[連続] から「系列別」をクリックする。
- すると，グラフエリアの左上に，1 から 4 までの番号が付く。1 は背景，2 ～ 4 は，3 本の折れ線グラフの計 3 個のオブジェクトに対応している。
- アニメーションを再生してみよ。

（操作 2）項目別の設定

- 1 枚目のスライドをコピーし，アニメーションを削除する。
- 改めて，グラフエリアに [ワイプ] を設定する。
- [アニメーション] メニューを開き，[アニメーション] グループから，[効果のオプション] をクリックし，[方向] で「左から」を，また [連続] で「系列別」をクリックする。
- すると，グラフエリアの左上に，1, 2, 3, …… の番号が付く。
- アニメーションウィンドウを開き，1 は背景，2 以降は 26 個の項目（横軸の目盛りにつくラベルの項目のことと考えてよい）に対応している。
- 今回のデータの意味からすると，この方式によるアニメーションが一番相応しいかもしれない。

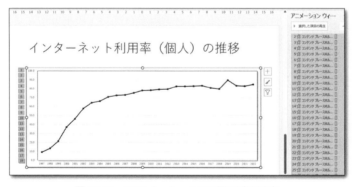

図 13.12　アニメーションの項目別の設定

13.3　アニメーションの基本 (タイプ：その 3)

PowerPoint で作るアニメーションの基本タイプの 3 つ目は，道案内のアニメーションである。

これには組み込みの「**軌跡**」のタイプのアニメーションを使用する。

あらかじめ背景画像を作成しておき，その上にスマイルマークを配置し，駅から大学までの道案内をするアニメーションである。難易度を高くするため，買い物で寄り道をするようにした。

図 13.13 は完成イメージである。スライドショーを実行すれば，スマイルマークが大学への道順を，軌跡を繋いでいく形で移動していき，道案内になるしくみである。

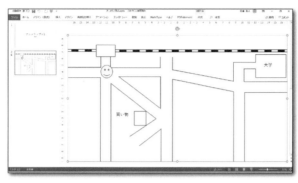

図 13.13　完成イメージ

[**例題 13.7**]　道案内のアニメーション（軌跡を繋げる）

（操作 1）背景の作成

ペイントで描いた画像や写真などを使って背景とする。ここでは，駅から大学までの道順を示すための地図をペイントで描き，それを背景として使用する（map.png）。

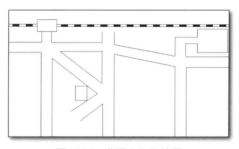

図 13.14　背景となる地図

【**注意**】「買い物」や「大学」などの名称は，後からテキストボックスで入力する。

道案内の全体を，直線の動きを基本として，それらを角で曲がる度に繋いでいき，ひと続きにする。まずは，最初の直線部分の動きを作ってみよう。

（操作2）　1つ目の動き

- スマイルマークを駅前に設置する。
- スマイルマークを選択する（以後，まずスマイルマークを選択しておくのは重要である。これを

忘れると背景のほうが移動してしまう）。

- ［アニメーション］メニューから［アニメーションの追加］をクリックする。
- ［アニメーションの軌跡］グループの［軌跡］をクリックする。

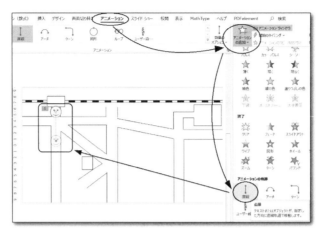

図 13.15　1 つ目の軌跡の設定

- スマイルマークが下方向に移動し，適当な距離のところで止まる。また，色の薄くなったスマイルマークが始点と終点の両方に表示され，始点の脇に番号「1」が付く。
- ［アニメーション］メニューから［アニメーションウィンドウ］をクリックし，アニメーションウィンドウを開く。
- 1 行目の右端の下向き黒三角をクリックし，「直前の動作と同時」をクリックすることで，スライドが開くと同時に動き出すようにできる。
- アニメーション番号は，スライドの切り替えで自動的に開始するように設定すると「0」になる。
- 終点をクリックすると，始点のスマイルマークには緑色の，終点には赤色のともに小さな丸が付いているのがわかる。この丸をマウスでポイントすると，マウスポインタが両方向き矢印になるので，ドラッグすると，始点，終点それぞれ好きな場所に移動できる。移動後の位置は，移動の方向を向いた小さな三角形で表現される。
- 終点を適切な場所に移動し，最初の移動を完成させる。

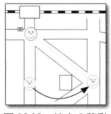

図 13.16　終点の移動

- 始点のほうも移動させた場合，始点はあくまでも移動の始点であって，スマイルマークの初期位置ではないので注意すること。スマイルマークと移動の始点を一致させるには，スマイルマークを図形として選択し，移動の初期位置まで移動しないといけない。
- ［スライドショー］メニューから［スライドショーの開始］グループの「現在のスライドから開始」，あるいは［アニメーションウィンドウ］の「すべて再生」をクリックし，スライドをプレビューし，アニメーションの動きを確認する。

（操作3）2つ目以降の軌跡

2つ目以降の軌跡も同様にアニメーションで設定し，一つ目と繋げる。
- 最初の位置のスマイルマークをクリックして選択する。
- 一つ目の動きの設定と同様に，「直線」の「軌跡」のアニメーションを追加する。
- 1番目に追加されたアニメーションの始点と終点をともに移動し，一つ目の動きに引き続くようにする。

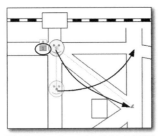
図13.17　2つ目の軌跡の設置

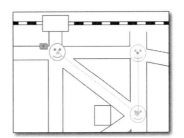
図13.18　2つ目の軌跡を前の軌跡に繋げる

- アニメーションウィンドウを開き，緑の帯を一つ目の動き（0番）の終わった位置から開始するようにし，表示時間も適当な長さに設定する。
- 「直前の動作の後」に設定する。
- 連続動作になった場合は，番号「1」は付かない。

図13.19　アニメーションの効果の設定

以下同様にして，3つ目，4つ目と軌跡を繋げていく。

【注意】 曲り角を滑らかに曲がった様子を出すために，「アニメーションの軌跡」のうちの「ターン」を使用するとよい。また，曲がり角の丸の部分の半径の長さを調節するには，辺の中央のポイントを右クリックし，「編集」で変更できる。右折と左折は，上部の丸まった矢印を使用して反転すればよい。

13.4　アニメーションの応用 (タイプ：その4)

PowerPoint を使って作るアニメーションの応用編に入ろう。ここで使用するのは，PowerPoint に組み込まれているビデオのエクスポート機能である。スライドをアニメーションの**1コマ**と見立て，少しずつ動いていく様子を連続する複数のスライドで表現し，最後にビデオとして保存する。

[例題 13.8] コマを繋げて道案内

あらかじめ背景画像を作成しておき，その上にスマイルマークを配置し，駅から大学までの道案内をさせるのはこれまでと同じであるが，スマイルマークの位置を少しずつ移動させながら，それぞれ独立したコマとして保存し，それを繋げて表示してアニメーションにする。

(操作1) スライドの作成

① トップスライド

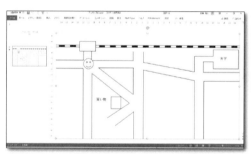

図 13.20　トップスライド

② 2枚目以降

次の2つの手順を繰り返すことで，コマとしてのスライドを増やしていく。

• スライドをコピーする。
• スマイルマークの場所を少し移動する。

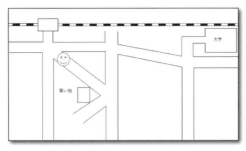

図 13.21　コマの作成

③ スライドの保存

最終のスライドが出来たら，保存する。

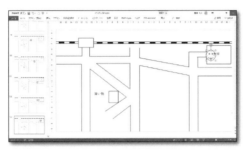

図 13.22　最終のコマの作成とファイルの保存

（操作 2）リハーサルの実行

① リハーサルの実行

- 最終のスライドが出来，ファイルも保存したら，［スライドショー］メニューから［リハーサル］をクリックする。

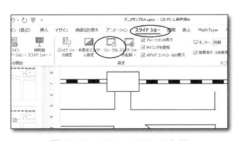

図 13.23　リハーサルの実行

- スライドショーが開始されると，トップページが開き，画面左上の角に「タイマー」が表示される。そこには「記録中」と標記され，2つの時刻が表示されている。左側がそのスライドの表示時間であり，右側がスライドを開始してからのトータルの経過時間である。

図 13.24　リハーサルの経過時間

- アニメーションの切り替えをシミュレートするつもりで，1 〜 2 秒の間隔でクリックを繰り返し，スライドを切り替えていく。
- 最終スライドをクリックすると，経過時間が表示され終了してよいかの問い合わせ画面になるので，「はい」をクリックしてリハーサルを終了する。

図 13.25　所要時間の確定と，タイミングの保存

（操作 3）ビデオの作成

① ビデオの作成

- 念のため，プレゼンテーションファイルを上書き保存する。
- ［ファイル］タブから［エクスポート］をクリックする。
- ［エクスポート］画面で［ビデオの作成］をクリックする。
- 画面の解像度を決める。通常の場合，「標準（480p）最小ファイルサイズおよび低画質（852 × 480）」で十分である。

図 13.26　解像度の選択

- ［記録されたタイミングとナレーションを使用する］を選択する。
- ［ビデオの作成］をクリックする。

図 13.27　ビデオの作成

- ［名前を付けて保存］ダイアログボックスが開き，保存場所を確認されるので，PowerPoint
  のスライドファイルと同じ場所であることと，ファイル名を確認し，［保存］をクリックする。
- 画面の最下段のタスクバーにビデオファイルを作成し保存中であることを示すプログレス
  バーが表示される。

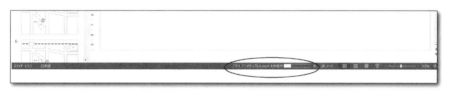

図 13.28　ビデオを作成中であることを示すプログレスバー

- プレゼンテーションファイルと同じフォルダに，拡張子「.mp4」の MPEG4 形式のビデオファ
  イルが作成されているので，ダブルクリックして再生し，アニメーションを確認すること。

13.5　PowerPoint でナレーション付プレゼン動画（タイプ：その 5）

PowerPoint の各スライドに発表者の声を**ナレーション**として埋め込み，動画に仕立てる方法
を試そう。

まず，作成上のポイントを整理すると次の通りである。

- 音声はスライドごとに埋め込む。全体を通して録音するのではないので安心である。

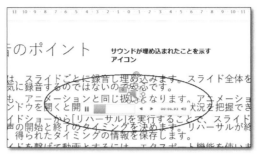

図 13.29　スライドへの音声の埋め込み

- 音声も，アニメーションと同じ扱いとなる。アニメーションウィンドウを開くと開始のタイミングを設定できる。
- スライドショーから［リハーサル］を実行し，スライドごとの音声の開始と終了のタイミングを決める。これをやらないと終了ポイントが決まらず全スライドが 5 秒で切られてしまう。
- スライドを繋げて動画とするには，エクスポート機能を使う。
- プレビュー画面の下側のノートペインを上に引き上げ，スライドごとに全セリフを書いておく。アドリブでやろうとするのはかえって効率的ではない。

[例題 13.9] 音声付動画の作成

（操作 1）マイクの準備

PC にマイクを装着し，認識させる。

(1) スタートボタンから［設定］をクリックしてコントロールパネルを表示する。

(2) マイクの項目を開き，「マイクがアプリに接続できるようにする」がオンになっているか確認する。

(3) スタートボタンから，アプリの「ボイスレコーダー」を起動し，［録音］（マイクロホンの形のアイコン）をクリックすると録音が始まる。

(4) マイクが音を拾っていれば同心円が広がるアニメーションが動き出す。

図 13.30　マイク録音中の表示

【注意】マイクは，内蔵マイクでもよい。また，スマホなどで別途録音し，ファイル化してスライドに読み込むこともできる。音声ファイルの標準はMP3である。そうでないときは，変換ソフトあるいは変換サイトで変換する。

（操作2）音声の録音

（1）サウンドの録音

- 音声を付けたいスライドを表示する。
- ［挿入］タブから，［メディア］グループの［オーディオ］をクリックし，［オーディオの録音］をクリックする。
- 画面に「サウンドの録音」ダイアログボックスが表示されるので，タイトルバーをつまんでスライド上のテキストを隠さない場所に移動させる。

図13.31　サウンドの録音ダイアログボックス

- 赤い丸をクリックして録音を開始する。
- 録音を終了するには，赤い正方形のボタンをクリックする。
- 再生するには，緑色の右向き三角形をクリックする。
- ［サウンドの録音］ダイアログボックスで，［名前］ボックスに「録音したサウンド」と表示されているが，そのままでよい。音声データはシステムに自動的に保存されていく。
- ［OK］をクリックするとダイアログボックスは閉じる。

（2）スピーカーアイコンの非表示

- スピーカーアイコンをクリックする。
- 「オーディオツール」タブが開くので，［再生］タブをクリックする。
- ［オーディオのオプション］リボンが開くので，「スライドショーを実行中にサウンドのアイコンを隠す」をクリックする。

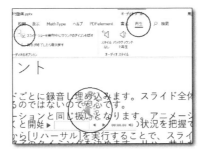

図 13.32　スピーカーアイコンの非表示

(3) アニメーションウィンドウの表示

- 録音が完了すると，スライドの中央に薄色のスピーカーアイコンが表示されるので，それをクリックすることでも再生ができる。

- スピーカーアイコンの左上に四角で囲まれた番号が付く。これは，一つのスライド上に，複数の音声をサウンドオブジェクトとして番号を付けて貼り付けることができることを意味する。

- [アニメーション] タブから [アニメーションの詳細設定] グループの [アニメーションウィンドウ] をクリックすると，画面右側にアニメーションウィンドウが開くので，そこで録音したサウンドの設定情報を確認できる。

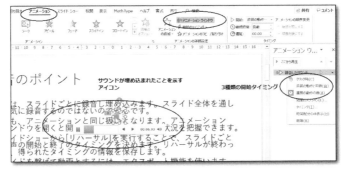

図 13.33　録音したサウンドの設定情報

(4) アニメーションウィンドウでの録音したサウンドの設定

- [ここから再生] をクリックすると，縦線が表示され，音声の流れにしたがって右へゆっくり移動していく。

- 一つのサウンドが終了すると，その縦線は左にもどり，2番目のサウンドの再生を表す。

- これを，録音したサウンドごとに繰り返す。ただし，終了のタイミングをリハーサルで決めなければならなくなるので，通常のプレゼンテーションでは，その時の手間を考えると一つのスライドに一つのサウンドにしたほうが楽である。

- 録音したサウンドのバーをクリックして，右端の下向き黒三角をクリックすると，音声を再

生するタイミングの設定用ダイアログボックスが表示される。

- 開始が「クリック時」となっている。「直前の動作と同時」とする。(【参考】リハーサルを樂にするためには，この段階で直前の動作と関連づける設定にしておくのがよく，そのヒントを載せている。)
- 再生の終了はここでは設定できない。初期設定で，5秒後ということになっている。

《ここまでの整理》

- 全スライド画面を完成。
- 全スライドのノートに台詞を入力。
- スライドごとに次を繰り返す。

✓[挿入] メニューから [メディア] → [オーディオ] → [オーディオの録音] をクリック。

✓[サウンドの録音] ダイアログボックスで「赤丸」をクリックし録音開始。

✓「赤い正方形」をクリックして録音終了。

✓[OK] で音声が録音されるとサウンドアイコン（スピーカーアイコン）が貼り付く。

✓サウンドアイコンをクリックし，[オーディオツール] → [再生] → 「スライドショーを実行中にサウンドのアイコンを隠す」にチェックを入れる。

✓サウンドアイコンを削除すれば録音は何度でもやり直せる。

✓アニメーションウィンドウで，「録音したサウンド」の下向き黒三角をクリックし，「直前の動作と同時」にチェックを入れる。

これを，すべてのスライドに亘って実施します。ときどき，上書保存をします。

【参考】開始のタイミングを直前の動作と関連付けておく方法。ただし，丁寧なやり方。

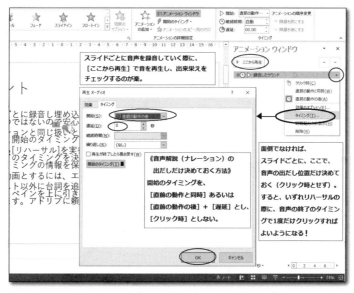

図 13.34　音声の開始のタイミングの設定

（操作 3）音声の再生タイミングの設定

　スライドショーから［リハーサル］を実行して，スライドごとの音声の開始と終了のタイミングを決める方法を示す。

(1) リハーサルの実行

- ［スライドショー］タブから［リハーサル］をクリックすると，スライドショーが自動的に開始される。
- 画面はスライドショーモード（全画面表示）になる。
- 左上角に，経過時間を示す掲示板が表示される。
- 左側の時刻はスライドごとの経過時間を表し，右側の時刻は**リハーサル**開始からのトータルの経過時間を表している。

図 13.35　経過時間の掲示板

(2) タイミングの設定

- スライドが始まったら，適当なタイミングをみてクリックする。クリック時刻がサウンド開始のタイミングとして記録され，サウンドが再生される（【参考】の場合，これが不要となる）。
- サウンドの再生が終わったら，適当なタイミングをみてクリックする。クリック時刻がサウンド終了のタイミングとして記録される。
- さらにクリックすると次のスライドに移動する（【参考】の場合，これも不要となる）。
- これをスライドごとに繰り返す。
- スライドが最後まで行くと，設定したタイミングを保存するか聞いてくるので［保存］を指定する。
- 黒い画面でさらにクリックすると，スライド表示画面に戻る。

　最終的にムービーにしたときの，スライドごとの音声の再生のタイミングは，このリハーサルで設定した情報を使っている。

　スライドファイルを保存すると，タイミングの情報もいっしょに保存される。

　一度，［スライドショー］タブから［最初から］をクリックしてみると，設定したタイミングで自動的に音声付のスライドショーが再生される。

図 13.36　PowerPoint のエクスポート機能

（操作 4）ビデオの作成

　最終的に，PowerPoint のスライドを繋げて，しかも音声付きで，一つのビデオに仕立てる。

(1) エクスポートの実行

- ファイルタブを開き，［エクスポート］をクリックする。
- ［ビデオの作成］をクリックする。

(2) ビデオの品質の設定

- フル HD（1080p）をクリックすると，可能な画面の大きさが一覧表示されるので，適する大きさをクリックする。
- 通常は，「標準 (480p)」とする。画面解像度は 852 × 480 ピクセルなので十分である。
- 大きくすれば画面上の窓は大きくなるが，それだけ容量が大きくなり，反応も悪くなる。
- ［記録された音声とタイミングを使用する］をクリックする。

図 13.37　プレゼンテーションのエクスポートダイアログボックス

(3) ビデオの作成

- ［ビデオの作成］をクリックする。
- ［各スライドの所要時間］が 5 秒となっているのは，記録のほうを使用するので無視する。

- **MPEG4** ビデオファイルの保存先を聞いてくるので，フォルダとファイル名を指定し，［保存］をクリックする。
- 画面最下段のタスクバーにビデオの保存経過時間を示すプログレスバーが表示され，経過にしたがって右へ延びていく。
- バーが最後まで到達して消えれば，ビデオが作成されたことになる。
- ビデオファイルは拡張子「.mp4」の MPEG4 形式で，ダブルクリックして再生して確認するとよい。

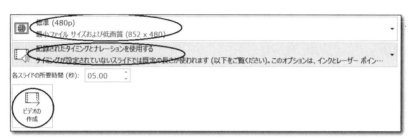

図 13.38　ビデオの作成ダイアログボックス

【注意】 ビデオの保存されているフォルダを開きファイル容量を確認する。ギガレベルになるとサーバーを圧迫する。ページ数を減らすなどの対応をし，極力容量を下げるよう心掛けること。

【演習問題】

1.　例題 13.1 のプレゼンテーションスライドに対し，次の設定を順に行ってみよ。

　(1)　3 つの個条書きの項目を，クリックするごとに順に表示するようになっているが，これをプレースホルダ上で一括して同時に表示するよう，アニメーションの開始のタイミングを「直前の動作と同時」に変更せよ。

　(2)　個条書きの表示が終わってから，右側の PC の画像の表示の開始時に，同じく「ホイール」のタイプで表示されるよう設定せよ。

　(3)　ここまでを「アニメサンプル 3.pptx」で保存せよ。

2.　例題 13.1 のプレゼンテーションスライドに対し，さらに次を設定し「アニメサンプル 4.pptx」で保存せよ。つまり，3 つの個条書きの項目を，クリックするごとに順に表示する形に戻す。また，[開始] 効果は，PC 画像も含めすべて異なるものを設定すること。「ホイール」を一つ含んでもよい。

3.　例題 13.6 のグラフ（インターネット利用率（個人）の推移）へのアニメーション設定は「項目別」の設定としておく。そこで，アニメーションウィンドウを開き，項目ごとにタイミング等を設定し，自分なりに完成形を決定せよ。

4.　日本自動車工業会のサイトから我が国における四輪車の車種別生産台数のデータを入手し，Excel に入力せよ。次いで円グラフで表現し，PowerPoint のスライド上に貼り付けよ。そして，その円グラフに対し複数のアニメーションの設定を試し，自分好みのものを最終的に一つ決定せよ。

5.　下図を参考に，地図上の 2 地点の移動を案内するアニメーションを作成せよ。

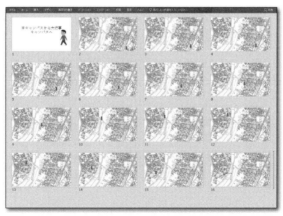

図 13.39　スライドへの地図データの設置
（地図は，国土地理院のサイトからダウンロード）

6. 下図を参考に，迷路を脱出するアニメーションを作成せよ。

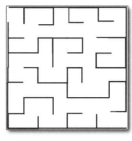

図 13.40　迷路の例

【参考文献】
総務省（編）『情報通信白書：ICT 白書　令和 5 年版』日経印刷 ,2023.
師啓二・樋口和彦・舩田眞里子・黒澤和人『これからの情報科学』学文社，2018
黒澤和人・舩田眞里子・渋川美紀・樋口和彦『教育情報科学』学文社，2020.
森卓也『アニメーション入門』美術出版社，1966.
日本自動車工業会「四輪車 ¦ JAMA - 一般社団法人日本自動車工業会」
　　https://www.jama.or.jp/statistics/facts/four_wheeled/index.html（2024.02.10）
国土地理院「地図・空中写真・地理調査　地理院地図」
　　https://maps.gsi.go.jp/（2024.02.10）

コラム：映像メディア

　映像とは，一般に図的な情報（広義には文字も含む）のことで，メディアとは，それらを伝えたり見せたりする媒体のことで，具体的にはインターネットやテレビやDVD，あるいはPCやディスプレイ等のことである。したがって，映像メディアとは，映像を載せるメディアのことである。以下に関連用語を整理しておこう。

- 画像（image）：静止画像と動画像の総称
  - ➤ 静止画像（still image）：動きのないデジタル画像
  - ➤ 動画像（moving image）：動きのあるデジタル画像
- 静止画（picture）：動きのないデジタル作品
- 動画：広義には映像（video）と同義，狭義にはアニメーション（animation）のこと
- 映像（video）：映画や動きのあるデジタル作品（movie），網膜に映る画像（image），投射画像（projection），ディスプレイ画像（frame），テレビ画面（vision）等の総称

コラム：動画ファイルの性能

　動画のコマをフレームと呼び，1秒間当たりのフレーム数をフレーム率（fps）と呼ぶ。動画の撮影は19世紀末に16fpsで始まったが，動きの滑らかさと音声との同期のし易さから映画やアニメーションでは24fpsが定着し今日に至っている。一方，テレビやDVDのフレーム率は30fpsが標準である。そこで，PC上でさまざまな動画ファイルのプロパティを見てみると，フレーム率はほぼ24〜30fpsに収まっている。それ以外の性能項目としては次のようなものがある。

- ファイル：種類（標準形式MPEG4），形式（拡張子「.mp4」），サイズ（MB），長さ（時間：分：秒），コーデック
- ビデオ（映像部分）：フレーム幅とフレーム高（ピクセル），データ速度（kbps），総ビットレート（ビデオのデータ速度＋オーディオのビットレート）（kbps）
- オーディオ（音声部分）：ビットレート（kbps），チャンネル（ステレオ／モノ），オーディオサンプルレート（kHz）

［注意］
- ・コーデック：再生・編集ソフトに組み込みの圧縮ソフト，具体的には圧縮の符号化技術のことで複数のバージョンがある。たとえば，同じMPEG 4でもH.264（AVC）とH.265（HEVC）では性能が異なる。再生できない場合，原因の多くはこの点にある。
- ・サイズとディスク上のサイズ：HDDでは円形トラックに保存するため違いが生じる。現在主流のフラッシュメモリ（SDD等）では違いは生じない。

第14章　アルゴリズム

　デジタル社会への移行が急速に進み，日本の小学校でも，プログラミング教育が 2020 年度から始まった。問題を解く手順がアルゴリズムであり，コンピュータで問題を解かせるためには，アルゴリズムをコンピュータが理解し，処理できるように記述しなければならない。本章では問題を解く手順であるアルゴリズムと，それをコンピュータが理解可能な言語，すなわちプログラミング言語（programming language）で記述することを学ぶ。プログラミング言語にはさまざまあるが，実用的な観点から，本章では Microsoft Office のすべてのソフトウェア上でプログラムが可能な言語 VBA（Visual Basic for Applications）を選択した。

14.1　問題とアルゴリズム [1]

　日常的には，例えば「2 つの自然数 121 と 22 の最大公約数を求めよ」のような記述を「問題」と呼んでいるが，計算機科学（computer science）の分野では，この記述は「2 つの自然数の最大公約数を求める」という「**問題**（problem）」の「**問題例**（problem instance）」であると見なす。すなわち，一般に問題とは問題例の無限集合である。

　「問題」を解く手続きを基本操作の系列で記述したものを**計算手続き**（procedure）と呼ぶ。基本操作とは，例えば，四則演算，値の比較，代入などのことである。問題 Q を解く計算手続きが Q の任意の問題例に対して有限回の操作で終了するとき，この手続きをその問題のアルゴリズム（algorithm）と呼ぶ。以下は**ユークリッドの互除法**（Euclidean Algorithm）として知られるアルゴリズムである。

アルゴリズム　ユークリッドの互除法による最大公約数を求める計算

入力：自然数の組 m，n.

出力：m と n の最大公約数.

方法：

　Step1：m と n の値を入力する.

　Step2：$m \div n$ の余りを r とする.

　Step3：n の値を m に代入し，r の値を n に代入する.

　Step4：$r = 0$ ならば Step5 へ進み，そうでなければ Step2 へ戻る.

　Step5：m の値を出力する.

　Step6：end.

14.2 プログラムの入力と実行

コンピュータにプログラマが要求する作業をさせる場合，本来，コンピュータの電子回路が処理できる 2 進表現の命令の系列，すなわち機械語で書かれた命令系列（プログラム）で指示する必要がある。しかし，この作業はプログラマの負担が大きい上，煩雑であり，不便である。そこで，できるだけ自然言語に近い形の人工言語で命令を書き，それを機械語に翻訳編集 または逐語通訳するソフトウェアを開発すれば，この負担と煩雑さは低減し，プログラム作成の効率を改善できる。このような考えで作られた人工言語がプログラミング言語であり，翻訳編集を行うソフトウェアを**コンパイラ**（compiler），逐語通訳を行うソフトウェアを**インタプリタ**（interpreter）と呼んでいる。本節では，VBA（Visual Basic for Applications）と呼ばれるプログラミング言語を学ぶ。VBA は Microsoft Office のすべてのソフトウェア上で プログラム可能なプログラミング言語である。また，VBA は，通常のどのようなコンピュータ上でも動作可能とするため，Javaと同じように中間コードを用いたコンパイラとインタプリタを併用する形のプログラミング言語である。本節では，特に Excel 上での VBA プログラムを学ぶ。

14.2.1 プログラムの作成と実行

ユークリッドの互除法を例に VBA でプログラムを作成し，実行しよう。

[**例題 14.1**] ユークリッドの互除法による最大公約数の計算

（操作 1）プログラム作成の準備

① Excel を開きリボンの「開発」を選択する。ただし，リボンに開発が無い場合は，「ファイル」，「オプション」，「リボンのユーザ設定」を選択し，右側のウィンドウの中にある「開発」に「✓」を入れ，OK ボタンをクリックする。

② シートの名前を「GCD」とし，図 14.1 のように入力する。

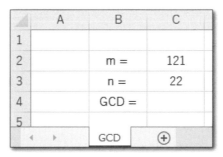

図 14.1　シート名の変更と入力

③「開発」のメニューの中の「コード」グループの「Visual Basic」を選択する。

④ 表示されたウィンドウのメニューにある「挿入 (I)」をクリックし，表示されるサブメニューの「標準モジュール (M)」を選択する。広く表示された白色画面にプログラムを入力することになる。

(操作2) ファイルのセーブ

① Excel のシートの画面をクリックして Excel に戻る。

② リボンの「ファイル」を選択し，「名前を付けて保存」を選ぶ。

③ 保存先を選択した後で，ファイル名とファイルの種類を図 14.2 のように指定する。

ファイル名(N):	例題12.1.xlsm
ファイルの種類(T):	Excel マクロ有効ブック (*.xlsm)

図 14.2　マクロ有効ブックとしてのファイルのセーブ

【注意】 ファイルのセーブの際，ファイルの種類として「Excel マクロ有効ブック (*.xlsm)」を選択しないと，これ以降の作業は正しくセーブされないので注意しよう。また，この操作で Excel のシートとプログラムが同時にセーブされる。

(操作3) プログラムの作成

① 標準モジュールの画面 ((操作1) の③のウィンドウ) に戻る。

② 左上にある「プロジェクト」ウィンドウで「VBA Project (例題 14.1 xlsm)」に Excel のシートと標準モジュールがメンバとして組み込まれていることを確認する。

③ 図 14.3 のプログラムを入力する。プログラムは半角英数字で，正確に入力する。ただし「'」で始まる2行目は，注釈行である。自身の学籍番号，氏名に置き換えて入力しよう (以下の例題でも同様である)。

```
Sub Euclid()
    '0000000 Mariko FUNADA

    m = Worksheets("GCD").Cells(2, 3)
    n = Worksheets("GCD").Cells(3, 3)

1000
    r = m Mod n
    m = n
    n = r
    If r > 0 Then GoTo 1000

    Worksheets("GCD").Cells(4, 3) = m

End Sub
```

図 14.3　ユークリッドのアルゴリズムの VBA プログラム例

(操作 4) プログラムの実行と結果の確認

① Excel のシートを呼び出し，上書き保存する。プログラムのエラーが原因で画面がフリーズするなどのトラブルが生じる場合があるので，必ず実行の前に上書き保存を行う。

② VBA のメニューの「実行 (R)」をクリックする。図 14.4 のサブメニューが表示されるので「Sub/ ユーザーフォームの実行　F5」を選択する。ただし，繰り返し実行する場合のトラブル (画面のフリーズやプログラムのハングアップなど) を避けるために，実行の前に「リセット (R)」を選択してから実行する習慣をつけるとよい。また「**F5**」のキー，メニューの「**▶**」(実行)，「**■**」(リセット) を使用することもできる。

【**注意**】上記の①と②は以下の例題でも必ず行うようにしよう。プログラムの実行では予測できない事態が生じることが多いので，システムの立ち上げ直しや，プログラムが消えてしまうなどのトラブルにあわないように作業を進めよう。

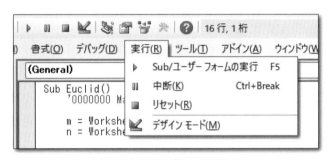

図 14.4　プログラムの実行

③ シート「GCD」を確認して図 14.5 のような出力が得られることを確認する。

	A	B	C
1			
2		m =	121
3		n =	22
4		GCD =	11

図 14.5　プログラムの実行結果

14.2.2　アルゴリズムとプログラム

14.1 節のアルゴリズムと図 14.3 のプログラムの比較を表 14.1 に示す。

VBA のプログラムの一部は，Sub プロシージャと呼ばれる単位で作成できる。プログラムの先頭に「Sub プロシージャの名前 ()」最後に「End Sub」と書く。

プログラムの 1 行ごとの命令は**命令文** (statement) と呼ばれる。「=」で結ばれた文は**代入文** (assignment statement) と呼ばれ，右辺の値を左辺に代入する命令文である。数値を格納する入

表14.1　ユークリッドの互除法と VBA プログラム

ユークリッドの互除法	VBA プログラム
Step1：*m* と *n* の値を入力する.	Sub Euclid() 　'0000000 Mariko FUNADA 　m = Worksheets("GCD").Cells(2, 3) 　n = Worksheets("GCD").Cells(3, 3)
Step2：*m* ÷ *n* の余りを r とする. Step3：n の値を *m* に代入し，*r* の値を *n* に代入する.	1000 　r = m Mod n 　m = n 　n = r
Step4：*r* = 0 ならば Step5 へ進み，そうでなければ 　　　Step2 へ戻る. Step5：*m* の値を出力する	If r > 0 Then GoTo 1000 　Worksheets("GCD").Cells(4, 3) = m
Step6：end.	End Sub

れ物を**変数**（variable）と呼ぶ．

　「r = m Mod n」は「*m* を *n* で割った余りを求め，*r* に代入する」を意味する命令文である．「Mod」は Mod の前の値を Mod の後ろの値で割った余りを求める演算子（operator）である．

　Excel の同一ブックにあるワークシートのセルを指定するには，下記のような命令を使用する．"と" で挟まれた文字列で対象とするシートを指定し，「行番号」と「列番号」で対象シートの行と列の番号を指定する．例えば，セル B3 を指定したい場合，(3, 2) と書く．この形で値や文字列をセルから入力することができ，逆にセルへ出力できる．

> Worksheets(" シート名 ").Cells(行番号，列番号)

　アルゴリズムの Step 4 に対応する文は If 文（if statement）である．If 文は 2 分岐の処理を行う文であり，「If」の直後の条件式を満足すれば，「Then」に続く命令文を実行する．

　If や Worksheets などは役割の決まっている用語である．これらはプログラム作成者が変数名や他の用途に使用できない用語であり，**予約語**（reserved word）と呼ばれている．

　アルゴリズムがどのように VBA で記述されているか（表 14.1）を確認しよう．

14.2.3　プログラムの検討

　図 14.3 あるいは表 14.1 右欄のプログラムを見ると「GoTo 1000」という命令文がある．この文は GoTo 文と呼ばれ，次に実行する命令を GoTo の後ろの数字が示す位置（番地）にジャンプさせる．一見便利であるが，GoTo 文がプロフラムの中に多数現れると処理の流れが交差し，プログラムの解読が難しくなり，プログラムの信頼性や開発の効率を下げる．すなわち，GoTo 文

を含むグラムの修正は難易度が高い。そこで，GoTo 文を使用しなくても処理が行える（すなわち，構造化プログラミングが可能な）プログラミング言語が開発されている。VBA もその一つである。

[**例題 14.2**] GoTo 文を使用しないユークリッドの互除法のプログラム

（操作 1）Excel のシートの準備

① GCD のシートの E 列と F 列に図 14.6 のように文字と数字をそれぞれ入力する。

（操作 2）プログラムの入力と実行

① 新たな「標準モジュール (M)」を入力するウィンドウを開く。

② 図 14.7 のプログラムを入力し，実行する。

セル F4 に C4 と同じ値が表示されることを確認しよう。

	A	B	C	D	E	F
1						
2		m =	121		m =	121
3		n =	22		n =	22
4		GCD =	11		GCD =	

図 14.6　例題 14.2 のプログラムの入出力用のセルの準備

```
Sub Euclid_1()
      '0000000 Mariko FUNADA

    m = Worksheets("GCD").Cells(2, 6)
    n = Worksheets("GCD").Cells(3, 6)

    Do
        r = m Mod n
        m = n
        n = r
    Loop While (r > 0)

    Worksheets("GCD").Cells(4, 6) = m

End Sub
```

図 14.7　Goto 文を使用しないユークリッドの互除法のプログラム

14.3　素数の抽出

素数（prime number）とは「1 と自分自身以外で割り切れない 2 以上の自然数」と定義されている。素数以外の 2 以上の整数は**合成数**（composite number）と呼ばれ，素数の積で表される。本節では，整数 N 以下の素数を全て求める問題を考えよう。

14.3.1 定義に基づく素数の抽出

次は整数 N 以下の素数を定義に基づき抽出するアルゴリズムの例である。

アルゴリズム　定義に基づく整数 N 以下の素数の抽出

入力：自然数 N

出力：N までの素数.

方法：

Step1：N の値を入力する.

Step2：x に $2 \sim N$ までを順に代入し，Step3 〜 Step6 を反復する.

Step3：素数フラッグを立てる（x を仮に素数とする）.

Step4：y に 2 から $x-1$ までを代入し，Step5 を繰り返す.

Step5：$x \div y$ の余りが 0 ならば 素数フラッグを下ろす（x は合成数と判明する）.

Step6：素数フラッグが立っている場合，x を素数として出力する.

Step7：end.

[**例題 14.3**] 定義に基づく整数 N 以下の素数の抽出

（操作 1）シートの準備

① Exccl に新しいシートを加えシート名を「素数」とする。

② セル B2 に「prime_number」と入力し，罫線を引く（図 14.8）。

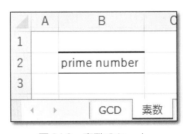

図 14.8　素数のシート

（操作 2）プログラムの入力と実行

① 新たな「標準モジュール（M）」を入力するウィンドウを開く。

② 図 14.9 のプログラムを入力し，実行する。実行の際，プログラムが停止しなくなった場合や実行を中断したい場合は「Esc」キーを使用する。

【**注意**】Esc キーでも実行停止しないこともあるので，実行前のセーブは必ず行おう。

```
Sub Prime_number()
    '0000000 Mariko FUNADA

    N = 100
    row_number = 3

    For x = 2 To N
        prime_flag = 1

        For y = 2 To x - 1
            If (x Mod y) = 0 Then prime_flag = 0
        Next y

        If prime_flag = 1 Then
            Worksheets("素数").Cells(row_number, 2) = x
            row_number = row_number + 1
        End If

    Next x

End Sub
```

図 14.9　定義に基づく N 以下の素数を求めるプログラム

　表 14.1 と同様にアルゴリズムとプログラムを対応させよう（演習問題 2）。Step2, Step4 の繰り返しは，For 文で実現されている。For 文の文法は以下のとおりである。太字は変更できない予約語を表している。カウンタ変数は繰り返しを数える役割を担う。初期値，最終値に「繰り返しを始めるときの値」，「繰り返しを終わる時の値」をそれぞれ書く。用語 Step の後に，繰り返しの度にカウンタ変数の値をいくつ変化させるかを書く。この値が 1 の場合，Step 以降の記述を省略してもよい。繰り返したい処理の終わりには Next 文を書く。Next 文では，カウンタ変数名を省略してもよいが，For 文の中に For 文を書く（入れ子）構造が可能なので，見やすさ，信頼性のために書いておくことを勧める。

```
For　カウンタ変数＝初期値　To　最終値　Step　増加分（減少値）
　　処理
Next　カウンタ変数
```

　If 文の文法は以下のとおりである。太字は予約語である。Else 以降の処理がない場合は，Else は省略可能である。また，End If は，1 行で If 文を記述する場合（図 14.3）には不要であるが，以下のような形で命令や処理を複数行で記述する場合は必要となる。

```
If　条件式　Then
　　条件式が成立する場合の処理
Else
　　条件式が成立しない場合の処理
End If
```

アルゴリズム中の素数フラグを変数 prime_flag で表し，1と0で，それぞれフラッグが立っている場合と降りている場合を表した。アルゴリズムにない row_number はエクセルのシートの行の番号を示すのに利用した。

このプログラムの For 文の繰り返し回数を数えてみよう。

Step2 で x = 2 のとき，Step4 の繰り返しの回数は 0 回

Step2 で x = 3 のとき，Step4 の繰り返しの回数は 1 回

Step2 で x = 4 のとき，Step4 の繰り返しの回数は 2 回

  ⋮

Step2 で $x = 100$ (N) のとき，Step 4 の繰り返しの判定回数は 98 $(N-2)$ 回となる。したがってこのアルゴリズムの繰り返しの回数の合計は次式のようになる。

   素数の候補として検討するのに $N-1$ 回，

   素数と判定するのに $0 + 1 + \cdots + (N-2)$ 回

合計すると，反復回数の総和は次式で表される。

$$N-1+0+1+\cdots+(N-2) = \frac{(N-1)N}{2} \tag{14.1}$$

この繰り返しの数は減らせないだろうか？ 次にこの問題を考える。

14.3.2　エラトステネスのふるい

次のアルゴリズムは「整数 N 以下の素数を抽出する問題」に対する「**エラトステネスのふるい** (Sieve of Eratosthenes)」と呼ばれる。古代ギリシャの哲学者エラトステネス (B.C.275 - B.C.194) により考案されたことから，この名前が付けられている。

アルゴリズム　エラトステネスのふるい

入力：整数 N

出力：N 以下の素数．

方法：

 Step1：2 から N の整数を並べる．

 Step2：$x = 2$ とする．

 Step3：N までの x の倍数を消す．

 Step4：消されていない次の数を新たな x とする．

 Step5：x が $\sqrt{N}$ 以下のとき，Step3 へ戻る．

 Step6：消されていない数値を素数として出力する．

 Step7：end.

[例題 14.4] エラトステネスのふるいによる整数 N 以下の素数の抽出

(操作 1) シートの準備

① シート「素数」のセル D2 に「prime number」と入力し，図 14.8 にならい罫線を引く。

(操作 2) プログラムの入力と実行

① 新たな「標準モジュール (M)」を入力するウィンドウを開く。

② 図 14.10 のプログラムを入力し，実行する。

```
Sub Eratosthenes()
    '00000000 Mariko FUNADA
    Dim prime_number(100) As String
    N = 100

    x = 2
    Do While (x < Sqr(N))
        prime_number(x) = "○"

        For i = 2 To Int(N / x)
            prime_number(x * i) = "×"
        Next i

        next_x = x + 1
        Do While (prime_number(next_x) <> "" And next_x <= N)
            next_x = next_x + 1
        Loop
        x = next_x
    Loop

    row_number = 3
    For x = 2 To N
        If prime_number(x) <> "×" Then
            Worksheets("素数").Cells(row_number, 4) = x
            row_number = row_number + 1
        End If
    Next x

End Sub
```

図 14.10　エラトステネスのふるいによる N 以下の素数を求めるプログラム

　表 14.1 と同様にアルゴリズムとプログラムを対比させるとプログラムの内容が理解しやすい (演習問題 3)。2 行目は配列の宣言を行う宣言文である。配列 (array) は，ベクトルや行列のように，複数の順序付けられた数値に一つの名前を付けて扱うことができるデータの表現 (データ構造) である。Dim と As は予約語で，配列名，サイズ，型はプログラム作成者が指定する。図 14.10 のプログラムでは，prime_number が配列名，サイズが N の値と同じ 100，配列の要素には String 型 (文字列型) の値が入ることを宣言している。また配列は，宣言した段階で String 型の場合，初期値としては何も記入されていない状態 ("") (すなわち空系列) とされる。この宣言により，プログラムの中で prime_number という配列が使用可能になる。

```
Dim    配列名（配列のサイズ）  As    配列の要素の型
```

　配列の一つひとつの要素は配列名の後に添え字（subscript, index）を付けて表される。VBAでは，「Dim A（10）As Integer」と宣言すると A(0)～A(10) の 11 個の整数要素をもつ配列が準備され，初期値が 0 となる。他のプログラミング言語では，サイズを 10 とすると A(0)～A(9) の 10 個の要素が使用可能となるものが多い。また初期値が 0 とならないものもあるので，他のプログラミング言語を学ぶ際には注意を要する。図 14.10 のプログラムでは，prime_number の添え字は，2～N の数字を表すのに使用し，要素は素数（○）か合成数（×）であるか，または，素数として残された（初期値のまま）か否かを示す。プログラムは「初期設定」「素数の抽出」「素数の出力」の順序で記述され，間に空行（何も記述されていない行）を入れて区別している。「素数の出力」では prime_number の内容が「○」か「""」の場合，添え字を素数として出力している。

　次にこのプログラムの素数判定部分（アルゴリズムの Step3 ～ Step5）の繰り返し回数を調べてみよう。

　初期値 $x=2$ のとき，Step3 の 2 の倍数を消すための処理は $N/2-1$ 回反復される。

　Step4 で $x=3$ を見つけるのに中側の do while 文が 1 回，Step 3 が $N/3-1$ 回反復される。

　Step4 で $x=5$ を見つけるのに中側の do while 文が 2 回，Step 3 が $N/5-1$ 回反復される。

　Step4 で $x=7$ を見つけるのに中側の do while 文が 2 回，Step 3 が $N/7-1$ 回反復される。

　Step4 で $x=11$ を見つけるのに中側の do while 文が 4 回反復される。

　$x=N=100$ になるとそのアルゴリズムによる計算は終了する。帰納的に考えて，エラトステネスのふるいによる反復回数は，

　　　素数の候補を見つけるのに $N-1$ 回，

　　　合成数を消すのに $\dfrac{N}{2}+\dfrac{N}{3}+\dfrac{N}{5}+\cdots+\dfrac{N}{\sqrt{N}}-(\sqrt{N}-1)$ 回

となる。合計すると，反復回数の総和は次式で表される。

$$N-1+\frac{N}{2}+\frac{N}{3}+\frac{N}{5}+\cdots+\frac{N}{\sqrt{N}}-(\sqrt{N}+1)$$

$$=N\left(1+\frac{1}{2}+\frac{1}{3}+\frac{1}{5}+\cdots+\frac{N}{\sqrt{N}}\right)-\frac{N}{\sqrt{N}}=N\left(1+\frac{1}{2}+\frac{1}{3}+\frac{1}{5}+\cdots+\frac{N}{\sqrt{N}}-\frac{N}{\sqrt{N}}\right) \qquad (14.2)$$

　「N 以下の素数を求める問題」に対し，2 種類のアルゴリズム，プログラム，繰り返し数を求めた。次節でアルゴリズムの効率について議論しよう。

14.4 アルゴリズムの計算量

前節で，一つの問題を解くにも複数個のアルゴリズムが存在することを確認した。実際の業務や研究において，プログラムを作成して問題を解く場合，どのような基準でアルゴリズムを選択すればよいだろうか。複数個のアルゴリズムの良し悪しを客観的に比較するにはそれらを比べる測度（尺度）が必要である。

アルゴリズムの効率を評価するのに**計算量**（complexity）[1] と呼ばれる測度が使用される。計算量は**計算の複雑さ**（computational complexity）ともいう。計算時間を複雑さの測度とする場合，**時間計算量**（time complexity），記憶容量を複雑さの測度とする場合，**領域計算量**（space complexity）という。アルゴリズムで解ける問題の問題例では，大きな数値を扱う問題例の方がより多くの計算量を必要とする。このため，アルゴリズムの計算量は問題例の大きさ n の関数 $f(n)$ で表すことが多い。アルゴリズムの効率比較などでは，問題例の大きさ n が大きくなった場合の $f(n)$ の振る舞いが重要となる。n を十分大きくしていったときの計算の複雑さを漸近的な計算量（asymptotic complexity）と呼ぶ。通常，漸近的な計算量を単に計算量と呼んでいる。を大きくしていくと関数の振る舞いを決定するのは増加率の最も大きい主要項となり，主要項の係数の大きさも，多くの場合ほとんど問題としない。このようなことから計算量はランダウの記法（Landou notation）を用いて表記する。次はランダウの記法の定義である。

定義 自然数の集合上で定義される 2 つの関数，f と g について，有限個の n の値を除くすべての n につて，$f(n) \leq c \times g(n)$ を満たす定数 c が存在するとき，かつその時に限り $f = O(g)$ と書く。$f = O(g)$ は「f は g のオーダ」または「f は g のビッグオー」という。

14.3 節では，素数を求める 2 種類のアルゴリズムの効率を，入力 N の関数として繰り返し回数で表した。これら 2 種類のアルゴリズムの基本演算 1 回の処理に必要とする時間を，それぞれ t_1，t_2 とし，時間計算量を，それぞれ $f_1(N)$，$f_2(N)$ とすると，それらは次のようになる。

$$f_1(N) = t_1 \times \frac{(N-1)N}{2}$$

$$f_2(N) = t_2 \times N \left(1 + \frac{1}{2} + \frac{1}{3} + \frac{1}{5} + \cdots + \frac{N}{\sqrt{N}} - \frac{N}{\sqrt{N}} \right)$$

ランダウの記号を用いると，$f_1(N)$ の時間計算量は次のように表現できる。

$$f_1(N) = O(N^2)$$

また，エラトステネスのふるいのアルゴリズムの時間計算量 $f_2(N)$ は，素数の逆数の和の発散の速度が $\log \log N$ より遅いことを用いると，次式で表される。

$$f_2(N) = O(N \log \log N)$$

次に，関数 N^2 と $N\log\log N$ のグラフを作成し，計算量の違いを確認しよう。

[例題 14.5] 関数 N^2 と $N\log\log N$ のグラフ

（操作 1）データの作成

① 新しいシートを加え，シート名を「計算量」とする。

② 2 行に項目名を入力する（図 14.11）。

③ セル B3 ～ B93 に 10 ～ 100 を入力する。

④ セル C3 に「= B3 ^ 2」と入力し，セル C3 の内容を C4 ～ C93 にコピーする。

⑤ セル D3 に「= B3 * LOG（LOG（B3））」と入力し，D3 の内容を D4 ～ D93 にコピーする。

（操作 2）散布図の作成

① C3 ～ C93，D3 ～ D93 のデータから，グラフの「散布図（平滑線）」を選択してグラフを作成する。

② 軸ラベルを加え，グラフ中に式をテキストとして挿入する。

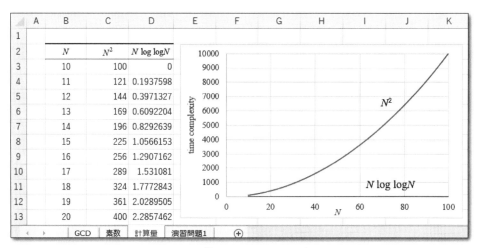

図 14.11　N^2 と N loglog$N$ のグラフ

　図 14.11 の 2 曲線は，N の増加に伴う関数 $N\log\log N$ の増加量（破線）が N^2（実線）に比べて非常に小さいことを示し，N がさらに増加するとその差がますます拡大することを示唆している。この結果は，時間計算量という測度を用いると，「N 以下の素数を抽出する問題」に対し，エラトステネスのふるい（$O(N\log\log N)$）の方が，定義に基づくアルゴリズム（$O(N^2)$）よりはるかに効率が良いことを示している。この例からも実際にコンピュータで問題を解く場合には，アルゴリズムの選択が非常に重要であることがわかる。

アルゴリズムを選択する場合，時間と使用する領域（メモリ）はトレードオフの関係になることが多い。また，プログラムの記述のしやすさ（または，理解しやすさ）とアルゴリズムの時間計算量の関係もトレードオフの関係であることが多い。したがってプログラムの作成者は，目的に応じて，適切なアルゴリズムを選択し，信頼性の高いプログラムを作成することを目指すべきである。また，プログラムが正しい答えを出力しているかを慎重にチェックすることも重要である。

14.5　ソーティング

検索エンジンにキーワード などを入力すると 関連情報の項目が順番に表示される。この作業は，項目があらかじめ何らかの基準で整理された順序で並べられていると効率よく行われる。この例を見るまでもなく，データを一定の整理規則で並べることは，データ処理において日常的に行われている。データの特定の属性がある順序集合の要素であれば，その順序集合の順序に従って並べることをソーティング（sorting）という。データの各要素（またはデータのある属性）が数の場合，小さい値から大きな値の順序で並べることを**昇順**（increasing order または ascending order）と呼び，逆に大きな値から小さな値の順序で並べことを**降順**（decreasing order または descending order）と呼ぶ。よく知られたソーティングアルゴリズム（sorting algorithm）はいくつも存在する。次に示すバブルソート（bubble sort）は初歩的なソーティングアルゴリズムの一つである。

入力：データ数 n．並べ替えたいデータ x_i　（$i=1, 2, \cdots, n$）．
出力：並べ替えたデータ x_i（$i=1, 2, \cdots, n$）．
方法：
　Step1：データ数 n と並べ替えたいデータ x_i（$i=1, 2, \cdots, n$）を入力する．
　Step2：i を 2 から n まで繰り返す．
　　Step3：j を n から i まで繰り返す．
　　　Step4：$x_{j-1}>x_j$ ならば x_{j-1} と x_j を入れ替える．
　Step5：x_i（$i=1, 2, \cdots, n$）を出力する．
　Step6：end.

14.5.1　バブルソートのプログラムの作成と実行

次の例題にしたがいバブルソートのプログラムを作成して実行しよう。

[**例題 14.5**] バブルソート（昇順）のプロフラミング

（操作 1）データの入力

① Excel に新しいシートを加え，シート名を「バブルソート」とする（図 14.12）。

② セル A2 〜 A12，B2 〜 B12，C2 〜 C12 に図 14.12 のような表を作成する。

（操作 2）プログラムの入力と実行

① 新たな「標準モジュール（M）」を入力するウィンドウを開く。

③ コメント行を自身の学籍番号と氏名に変え，図 14.13 のプログラムを入力し，実行する。

	A	B	C	D	E
1					
2	No.	データ x	昇順の x		
3	1	98			
4	2	87			
5	3	56			
6	4	63			
7	5	21			
8	6	35			
9	7	18			
10	8	26			
11	9	79			
12	10	11			

GCD ｜ 素数 ｜ 計算量 ｜ バブルソート

図 14.12　データの準備画面

```
Sub Bbbulesort()
    '00000000 Mariko FUNADA
    Dim x(10) As Integer

    n = 10
    For i = 1 To n
        x(i) = Worksheets("バブルソート").Cells(i + 2, 2)
    Next i

    For i = 2 To n
        For j = n To i Step -1
            If x(j - 1) > x(j) Then
                tmp = x(j - 1)
                x(j - 1) = x(j)
                x(j) = tmp
            End If
        Next j
    Next i

    For i = 1 To n
        Worksheets("バブルソート").Cells(i + 2, 3) = x(i)
    Next i

End Sub
```

図 14.13　バブルソートのプログラム例

14.5.2 バブルソートのプログラムのトレース

プログラム中の命令を順番にたどって変数の値がどのように変化するかを確認する作業を**ト
レース**（trace）という。通常のトレースは紙と筆記道具を使用して人が行うが，ここでは，例題
14.5 のプログラム（図 14.13）でソートの中間状況を出力することでバブルソートのプログラムが
どのように動作するのかをトレースして確認しよう。

[**例題 14.6**] バブルソートの中間状況表示プログラム

（操作 1）シートの準備

① 例題 14. 5 で使用したシート「バブルソート」（図 14.12）の E 列から図 14.14 のような表を
作成する。

E	F	G	H	I	J	K	L	M	N	O
j	x の初期値	i=2	i=3	i=4	i=5	i=6	i=7	i=8	i=9	i=10
1	98									
2	87									
3	56									
4	63									
5	21									
6	35									
7	18									
8	26									
9	79									
10	11									

図 14.14　バブルソートの中間状況出力用の表

（操作 2）プログラムの入力と実行

① 例題 14.5 のプログラムをドラッグしてコピーする。

② 新たな「標準モジュール（M）」を入力するウィンドウを開く。

③ 例題 14.5 のプログラムを貼り付ける。

④ プロシージャ名を「Bubblesort_trace」と変更する（図 14.15）。

⑤ 例題 14.5 のプログラム（図 14.13）に図 14.15 の四角で囲まれた 3 行のプログラムを加える。

⑥ セーブを行ってから実行する。

```
Sub Bbbulesort_trace()
    '00000000 Mariko FUNADA
    Dim x(10) As Integer

    n = 10
    For i = 1 To n
        x(i) = Worksheets("バブルソート").Cells(i + 2, 2)
    Next i

    For i = 2 To n
        For j = n To i Step -1
            If x(j - 1) > x(j) Then
                tmp = x(j - 1)
                x(j - 1) = x(j)
                x(j) = tmp
            End If
        Next j

        For j = n To i - 1 Step -1
            Worksheets("バブルソート").Cells(j + 2, i + 5) = x(j)
        Next j
    Next i

    For i = 1 To n
        Worksheets("バブルソート").Cells(i + 2, 3) = x(i)
    Next i

End Sub
```

図 14.15　バブルソートに中間出力を加えたプログラム

j	x の初期値	i=2	i=3	i=4	i=5	i=6	i=7	i=8	i=9	i=10
1	98	11								
2	87	98	18							
3	56	87	98	21						
4	63	56	87	98	26					
5	21	63	56	87	98	35				
6	35	21	63	56	87	98	56			
7	18	35	21	63	56	87	98	63		
8	26	18	35	26	63	56	87	98	79	
9	79	26	26	35	35	63	63	87	98	87
10	11	79	79	79	79	79	79	79	87	98

図 14.16　プログラムの出力結果

　図 14.16 はプログラムの出力結果である。「i =2」の列に注目しよう。

　i の値が 2 のとき，最初に j の値は n すなわち 10 となる。このとき If 文で x(9) の 79 と x(10) の 11 が比較され，79 の方が大きいので x(9) と x(10) の値は入れかえられて，x(9) が 11，x(10) が 79 となる。

　次に j の値が 1 減らされて 9 となる。IF 文で x(8) の 26 と新たに 11 が代入された x(9) が比較され，x(8) ＞ x(9) となるので値の入れ替えが生じて x(8) が 11，x(9) が 26 となる。

この処理が，jの値がiとなるまで繰り返される。このとき，iは2で，x(2) は 11 となっている。x(1) と x(2) の比較で入れ替えが生じ，x(1) が 11 が x(2) に 98 が入る。

このように最初のiに対するjの For 文で，データの最小値が次々に入れかえられてデータの先頭に押し出される。この様子が，炭酸水の泡が水面に浮かんでくる様を連想させるのでこのアルゴリズムはバブルソートと呼ばれている。また，iの For 文の最初の処理で，最小値が先頭に移動するので，2回目の処理では2番目のデータまで比較を行えばよい。iの For 文直下のjの For 文の最終値がiとなっているのは，このためである。また，図 14.16 の各列の先頭が，比較が実行されたデータの中の最小値となっていることを確認しよう。

14.5.3　バブルソートの時間計算量

n 個のデータについてバブルソートのデータ同士の比較操作の回数を解析しよう。バブルソートについては，比較操作の回数は，ソーティングを開始するときのデータの並び方によらないことに気付く。データ同士の比較操作の回数は以下のようになる。

1 回目（$i=2$ のとき）の比較操作の回数は $n-1$ 回

2 回目（$i=3$ のとき）の比較操作の回数は $n-2$ 回

$$\vdots$$

$n-1$ 回目（$i=n$ のとき）の比較操作の回数は　1 回

したがって比較操作の回数の合計は次のようになる。

$$\frac{(n-1)n}{2} \tag{14.3}$$

1 回の比較操作に要する時間にデータの入れ替え操作時間を加えた時間を基本演算時間として t（定数）とすれば，n 個のデータのバブルソートの計算時間 $f(n)$ は高々次式のようになる

$$f(n) = t\,\frac{(n-1)n}{2} \tag{14.4}$$

ランダウの記法を用いると，入力時のデータの並び方に関係なく，バブルソートの時間計算量は，$f(n) = O(n^2)$ である。

アルゴリズムによっては，時間計算量は初期入力データの並び方に依存する。例えば，単純挿入法（straight insertion）はそのようなアルゴリズムである。そのようなアルゴリズムでは，最悪の場合の時間計算量，平均的な時間計算量，入力データの出現確率などを考慮した時間計算量などで，アルゴリズムの効率を評価する。

14.6　本章の役割と今後の学習

　本章では，問題，問題例，アルゴリズムなどを定義し，アルゴリズムの基礎を学んだ。アルゴリズムの例として，古くから知られている「ユークリッドの互除法」，「エラトステネスのふるい」を用いた。これらのアルゴリズムを VBA で記述し，それらがコンピュータ上でどのように実行されるかを示した。また，アルゴリズムの効率の測度として，計算量とその表記法を説明した。素数を抽出する「エラトステネスのふるい」のアルゴリズムの時間計算量を解析し，その効率の良さを確かめた。データ処理の業務で，ソーティングは頻繁に使用されるアルゴリズムである。本章では，ソーティングの基本的な動作と効率解析の基礎の理解のためにバブルソートを取り上げたが，その効率はあまり良くない。よく知られているように，クイックソート（quick sort），マージソート（merge sort），ヒープソート（heap sort）などは $O(n \log n)$ の時間計算量である。また，高速並列ソートアルゴリズム（parallel sort algorithm）もいろいろ提案されている。

　日常的な業務でも，数値解析，データ処理，人工知能などの研究開発でも，さまざまなアルゴリズムが使用されている。目的に応じて，適切なアルゴリズムを選択することは極めて重要である。

　本章では，プログラミング言語として VBA を用いたが，業務や研究活動において，目的に応じて適切なプログラミング言語が使用される。現在，Python，Java，C 言語などが広く使用されているプログラミング言語である。VBA は Microsoft Office 上のプログラミング言語であるので，特殊な命令文が多いが，本章では，特殊なものはできるだけ使用しないように配慮した。インデントに 4 文字を使用したが，これは Python のインデントの慣例にしたがったためである。また，Java や C 言語では変数の使用に先立ち変数の宣言を行うが，アルゴリズムの明確な記述に主眼を置いているので，また Python でも省略可能であることに考慮して，配列以外の宣言は省略した。これらのプログラミング言語はノイマン型のコンピュータを前提とし，使いやすさを目指している。プログラミング言語を一つ選択して，プログラミング技術をしっかり学ぶことは，将来使用することになる新しい言語を習熟するための基礎知識を身に着けることにもなる。

　本章ではデータを表現するために配列を多用した。配列はデータ構造の基本であり，コンピュータ内部でデータを構造的に記憶し，効率よく処理するために用いられる。配列の他に，例えば Python では，リスト，タプル，辞書，集合のデータ構造が準備されている。データ構造の学習も今後の楽しみである。

【演習問題】

1. ユークリッドのアルゴリズムを用いて，次の数の組の最大公約数を求めよ。
   257439, 57960

2. 例題 14.3 の素数のアルゴリズムとプログラムを対応させる表を作成し，VBA でアルゴリズムがどのように表現されるか確認せよ。

3. 例題 14.4 のエラトステネスのふるいのアルゴリズムとプログラムを対比させる表を作成し，VBA でアルゴリズムがどのように表現されるか確認せよ。

4. 単純挿入法と呼ばれるソーティングアルゴリズムの VBA プログラムを作成し，適当な入力について，そのプログラムを実行せよ。

5. 単純挿入法の繰り返し数を求め，その時間計算量をランダウの記号を用いて表せ。

6. 本章で紹介したソーティング以外のアルゴリズムの VBA プログラムを作成し，適当な入力にについて，そのプログラムを実行せよ。また，そのプログラムの時間計算量を求めよ。

謝辞　本章の編纂にあたり，群馬大学名誉教授　五十嵐善英先生 に有意義な助言を頂いた。

[参考文献]
[1] 五十嵐善英，舩田眞里子『離散数学入門』牧野書店，2017
[2] 五十嵐善英，Forbes D. Lewis，舩田眞里子『計算理論入門』牧野書店，2013
[3] 五十嵐善英，舩田眞里子，バーバラ神山『数と計算の歩み』牧野書店，2009
[4] Top Programming Languages 2023- IEEE Spectrum
[5] 大槻兼資，秋葉 拓哉『アルゴリズムとデータ構造』講談社，2020
[6] 寺部雅能，大関 真之『量子コンピュータが変える未来』Ohmsha，2019
[7] 米田優峻『問題解決のためのアルゴリズム×数学』技術評論社，2021

お勧めの関連文献
[1] T. H. Cormen, C. E. Leiserson, R. Rivest, and C. Stein, *"Introduction to Algorithms"* (3rd Edition) The MIT Press, Cambridge Massachusetts, 2009.
[2] J. Kleinberg and E. Tardos, *"Algorithm Design"*, Pearson/Addison Wesley, Boston, 2006.
[3] N. Wirth, *"Algorithms + Data Structure = Programs"*, Prentice-Hall, Engle Wood Cliffs, 1976.
[4] M. T. Goodrich and R. Tamassia, *"Data Structures and Algorithms in Java"* (2nd Edition), John Wiley & Sons, New York, 1997.
[5] P. Kaye, R. Laflamme and M. Mosca, *"An Introduction to Quantum Computing"*, Oxford University Press, New York, 2007.
[6] M. A. Nielsen and I. L. Chuang, *"Quantum Computing and Quantum Information"*, Cambridge University Press, New York, 2000.
[1]，[2]，[3] は日本語の訳本がある

コラム：量子チューリングマシン

1940 年代から今日に至るまで，あらゆる分野で普及してきたコンピュータはノイマン型の計算機である。コンピュータの使用するメモリ量に制限がなければ，ノイマン型コンピュータはアラン・チューリング（Alan M. Turing, 1912-1954）によって提案された計算機モデル「チューリングマシン（Turing machine）」と同等の計算能力をもつ。本章で解説したアルゴリズムの計算量は，チューリングマシン，またはその変種のモデル上の計算量に基づく計算効率の測度である。1980 年代，1990 年代に，量子力学の原理に基づく量子の振る舞いを利用した計算装置（量子コンピュータ）とそのような装置によって計算するという概念，理論，アルゴリズムなどが提案された。その後も量子コンピュータ，量子コンピューティングの研究・開発が精力的に行われてきた。そのようなコンピュータは従来のノイマン型のコンピュータとは異なり，「量子チューリングマシン（Quantum Turing machines）」と呼ばれる計算機モデルで表現される。従来の汎用コンピュータとは異なるため，アルゴリズムの記述や計算量に関しても量子コンピュータ特有の手法が必要である。現時点では，すでに販売されている量子コンピュータも実在するが，ハード，ソフト両面で発展途上の技術であり，欧米，中国，日本などを中心に開発が競われている。量子コンピュータが得意とする問題は，化学反応のシミュレーション，金融市場の予測，人工知能の学習，暗号解読などとされているが，技術が実用的なレベルに達すれば，例えば，現在ネットワーク上で広く使用されている RSA 暗号などの公開鍵暗号の安全性が保証されなくなり，量子コンピュータの発展は社会的にも影響が非常に大きい。量子コンピュータ専用のプログラミング言語の開発も始まっており，将来の量子コンピュータ時代でも対処できるような量子暗号システムの研究・開発も進められている。

第15章　今後の学修のための案内

データと情報の２つのリテラシー分野に軸足を置きながら，現代人にとって必須のツールとなっているオフィスアプリケーションの活用法について学修を進めてきた。本章では，それらを踏まえ，時代の趨勢を見極め，今後の学修のための案内をしておこう。

15.1　混迷の時代と意思決定理論

とかくわれわれは，安寧な状態がずっと続くものと思いがちである。しかし混迷の時代と呼ばれる今，改めて気付くのは不測の事態を考慮した意思決定の重要さではないだろうか。

現代社会を，世界的広がりで俯瞰して見た場合，VUCA（ブーカ：混迷）の時代にあるといわれる。VUCA とは，Volatility（変動性），Uncertainty（不確実性），Complexity（複雑性），Ambiguity（曖昧性）の頭文字を並べたものである。冷戦後の世界を表す言葉として登場し，2016 年のダボス会議で〈VUCA World〉として再登場し，コロナ禍での経験を通して改めて広がった言葉である。

混迷の時代にあって，不測の事態を考慮しつつ，最適な手をどう選んでいけばよいかを研究するのが**意思決定理論**である。そこでは，不確実性，リスク，曖昧性の３つの状況が想定される。自分の専門性を基礎におきつつ，意思決定理論との関係性をより一層強めていかれるとよいだろう。

15.2　2030 年問題と DX の推進

日本では，1990 年のバブル崩壊から 2020 年代初頭までの 30 年間を「失われた 30 年」と呼んでいる。これは，株の暴落に端を発し，その後の株式市場が低迷を続けてきた状況を指し示すとともに，他分野をも巻き込み今まさに困難な状況にあることを示している。

具体的には，人口減少，災害の多発，資源の枯渇などが，いよいよ喫緊の課題となってわれわれに迫っていることを意味している。したがって，次なる 2030 年代に向けて新たな取り組みを始めなければならないところにわれわれは立っており，2020 年代はそのための態勢作りの時期に当たる。そこでこの間の取り組みを総称して 2030 年問題と呼び，資源の投入先として次の３つの方向性が重要とされている。

(1) 人材の育成：すべての人にとって自ら困難を乗り越えてゆける基礎力の養成が急務である。

(2) **DX** の推進：インターネットの発達を背景にビッグデータが流通するようになり，それらを有効活用していく必要があること。

(3) 危機管理：デジタル社会の進展に伴って新しいタイプの事件や事故が多発する懸念がある。人々が不利益を被らないための手立てを講じる必要がある。

人はそれぞれの専門性に照らし，情報社会に対してその持てる知識や知恵を投入していくことが期待されている。同時に，各自の専門分野に情報技術をより積極的に取り込んでいく姿勢も必要である。

【注意】DX とは，デジタルトランスフォーメーション（Digital Transformation）の略である。この言葉は，社会各部門でデジタル化をより一層推進していこうというスローガンと捉えておくとよいだろう。

15.3 「数理・データサイエンス・AI」リテラシー

本格的なデジタル化，国際化時代を迎え，学生諸君には 21 世紀日本の新たな担い手として期待が集まっている。その際，文系・理系を問わず，身に付けておくことが推奨されているのが「数理・データサイエンス・AI」リテラシー分野である。つまるところ，ものごとを数理的にとらえ，データから適切に情報を抽出し，問題を発見し，AI などを活用しながら自ら問題を解決していける能力のことである（図 15.1 参照）。

図 15.1 「数理・データサイエンス・AI」リテラシー分野の構成イメージ

さて，今後は，この「数理・データサイエンス・AI」リテラシー分野の学修とともに，各自の専門性をさらに深めていってほしいと願っている。

謝　辞

　本書の執筆に際しては，次の方々に大変お世話になった。末筆ながら，ここに記して感謝の意を表したい。

　白鷗大学経営学部教授の古瀬一隆先生，日本大学法学部教授の児玉博昭先生，白鷗大学法学部教授の白石智則先生，白鷗大学教育学部教授の上野耕史先生，ならびに福島大学共生システム理工学類教授の馬場一晴先生には，全学部に亘る共通教材の必要性についてご理解をいただき，さらに作業の後押しをして下さり大変有難く感謝している。

　群馬大学名誉教授の五十嵐善英先生には，アルゴリズムの章をはじめとして，貴重なご助言を幾度となく頂戴している。改めて御礼を申し上げる次第である。

　また，政府出資特別法人 株式会社システムソリューションセンターとちぎ IT ソリューション部の皆様には，日頃より白鷗大学の情報リテラシー教育に対しひとかたならぬお世話になっており，この場をお借りして御礼を申し上げる。特に，営業推進ご担当の桜井匡史氏と研修マネージャーの藤田昌子氏には，多くの貴重なご助言を頂戴していることを申し添えたい。

　さらに，白鷗大学事務局の皆さんには，実習ならびに教材データの収集等において日頃より大変お世話になっている。特に，武笠幸司氏，牛久保智子氏，大手優氏，青山知氏，そして水上由貴氏の皆様に改めて御礼を申し上げる。

　2024 年 1 月

データ・情報リテラシー研究会　一同

和文索引

欧文索引

教養としてのデータ・情報リテラシー

2024年4月25日　第1版第1刷発行

著者　黒澤　和人
　　　舩田　眞里子
　　　渋川　美紀
　　　後藤　涼子

発行者　田中　千津子

発行所　株式会社　学文社

郵便番号 153-0064　東京都目黒区下目黒 3-6-1
電話 (03) 3715-1501（代表）　振替 00130-9-98842
https://www.gakubunsha.com

ISBN 978-4-7620-3302-5